김부식이 들려주는 우리 역사

그림으로 보는 삼국사기

⊙ **사진 제공**
22쪽-가야금(국립국악원), 107쪽-성덕 대왕 신종(국립경주박물관), 169쪽-팔만대장경(강화역사박물관)

김부식이 들려주는 우리 역사
그림으로 보는 삼국사기 ❸

개정판 1쇄 발행 2025년 1월 20일

글 김부식 | **엮음** 임지호 | **그림** 오승원

발행인 오형석
편집장 이미현 | **편집** 정은혜 | **디자인** 이희승
발행처 (주)계림북스
신고번호 제2012-000204호 | **등록일자** 2000년 5월 22일
주소 서울시 마포구 창전로 74 여촌빌딩 3층
대표전화 (02)7079-900 | **팩스** (02)7079-956
도서문의 (02)7079-913
홈페이지 www.kyelimbook.com

ⓒ계림북스, 2025
이 책에 실린 글과 그림, 사진의 무단 전재나 복제를 금합니다.

ISBN 978-89-533-3466-3 74900 | 978-89-533-3463-2(세트)

김부식이 들려주는 우리 역사

그림으로 보는 삼국사기

글 김부식 | 엮음 임지호 | 그림 오승원

계림북스
kyelimbooks

작가의 말

2천 년 전에 세워진 삼국의 역사가 생생하게 펼쳐집니다!

　주몽, 김유신, 을지문덕, 을파소, 최치원 등 우리가 잘 알고 있는 이 인물들은 어떤 일을 했으며 어느 시대에 살았을까요? 광개토 대왕, 진흥왕, 성왕 등 사극에서 흔히 보았던 임금들은 실제로 어떤 업적을 남겼을까요? 이러한 질문에 명쾌하게 답을 주는 책이 바로 〈삼국사기〉예요.

　〈삼국사기〉는 지금으로부터 약 2천 년 전 우리나라에 세워진 고구려, 백제, 신라에 대한 이야기를 담은 역사책이에요. 약 7백 년의 역사를 가진 고구려와 백제, 약 천 년의 역사를 가진 신라, 이 세 나라의 왕을 중심으로 여러 인물과 사건에 관한 기록이 담겨 있지요.

〈그림으로 보는 삼국사기〉에서는 김부식이 편찬한 〈삼국사기〉의 내용을 어린이들이 이해하기 쉽도록 핵심 내용들을 풀어 썼어요. 세 나라가 세워지고, 발전하고, 멸망하는 과정에서 등장하는 인물들, 즉 나라를 다스린 역대 임금들과 나라를 위해 싸운 영웅들, 올바른 정책으로 나라에 충성한 신하들과 부모에 효도한 효자들에 이르기까지 수많은 역사 속 인물의 이야기들이 재미있는 그림과 함께 생생하게 펼쳐져요. 그럼 삼국의 역사가 살아 숨 쉬는 〈그림으로 보는 삼국사기〉 속으로 떠나 볼까요?

엮은이 임지호

차례

나라가 발전하며 통일에 다가서다

- 체제를 정비하고 불교를 받아들인 제23대 법흥왕 ·· 12
  - 율령을 반포하고, 공복을 정했어요
  - 금관가야가 항복했어요
  - 이차돈의 죽음으로 불교를 받아들였어요

삼국사기 배움터 ································· 18
신라의 독특한 신분 제도, 골품제

- 영토를 넓히고 불교 전파에 힘쓴 제24대 진흥왕 ·· 20
  - 역사책을 편찬했어요
  - 우륵과 가야금
  - 영토 전쟁이 치열했어요
  - 진흥왕 순수비와 대가야의 멸망
  - 불교를 크게 부흥시켰어요
  - 화랑의 뿌리, 원화

- 통일의 씨앗을 뿌린 제26대 진평왕 ············ 32
  - 나랏일을 하기 위해 여러 부서를 만들었어요
  - 얽히고설킨 삼국 관계
  - 낭비성 전투와 김유신의 등장

삼국사기 놀이터 알맞은 이름 쓰기 ············· 38

여왕의 시대를 지나 삼국을 통일하다

- 우리나라 최초의 여왕, 제27대 선덕 여왕 ········ 42
  - 선덕 여왕과 모란꽃
  - 백제의 공격과 고구려에 간 김춘추
  - 황룡사 9층 목탑을 세웠어요
  - 비담과 염종이 반란을 일으켰어요

삼국사기 배움터 ································· 50
선덕 여왕이 미리 알았던 세 가지

- 마지막 성골, 제28대 진덕 여왕 ················ 52
  - 김춘추가 군사를 빌리러 당나라에 갔어요
  - 나라의 제도를 중국식으로 바꾸었어요

- 통일에 한발 다가간 제29대 태종 무열왕 ········ 56
  - 최초의 진골 출신 왕이에요
  - 죽어서도 나라를 걱정한 장춘과 파랑
  - 나당 연합군이 백제를 치러 출정했어요
  - 황산벌 전투와 김유신의 분노
  - 백제가 멸망했어요
  - 백제군의 저항과 고구려의 공격

- 삼국을 통일한 제30대 문무왕 ················· 68
  - 언니의 꿈을 샀어요
  - 당나라 군대에 군량을 전달했어요

전쟁이 그치고 통일 신라 시대가 열리다

- 백제의 남은 지역을 소탕했어요
- 백제 부흥군을 몰아냈어요
- 나당 연합군이 고구려를 멸망시켰어요
- 신라와 당나라가 싸웠어요
- 옛 백제 지역을 차지했어요
- 나라를 위해 목숨을 바친 사람들
- 나당 전쟁의 승리와 문무왕의 유언

삼국사기 배움터 ·················· 86
나당 전쟁의 숨은 공로자, 구진천

삼국사기 놀이터 십자말풀이 ·········· 88

- **왕권을 강화한 제31대 신문왕** ·········· 92
  - 흠돌의 난을 진압했어요
  - 강력한 왕권을 만들어 갔어요
  - 전국을 9주로 나누고, 5소경을 두었어요

삼국사기 배움터 ·················· 98
군사 조직은 9서당과 10정

- **영토를 확정한 제33대 성덕왕** ·········· 100
  - 패강 남쪽은 신라 땅
  - 백성들의 생활에 관심이 많았어요

- **반란으로 희생된 제36대 혜공왕** ·········· 104
  - 꼬리에 꼬리를 문 반란이 일어났어요

삼국사기 배움터 ·················· 106
성덕 대왕 신종

삼국사기 놀이터 다른 그림 찾기 ·········· 108

왕위 쟁탈 싸움과 후삼국 시대

- 하늘이 도와준 제38대 원성왕 ················ 112
  - 왕위 쟁탈전 1라운드, 소나기가 왕을 바꿨어요
  - 독서삼품과를 만들었어요

- 조카를 밀어내고 왕이 된 제41대 헌덕왕 ········ 116
  - 왕위 쟁탈전 2라운드, 숙부가 조카를 죽였어요
  - 신라를 뒤흔든 김헌창의 난

- 왕위 싸움의 불씨를 남긴 제42대 흥덕왕 ········ 120
  - 왕위를 노리는 사람들

- 왕위 다툼으로 희생된 희강왕과 민애왕 ········ 122
  - 왕위 쟁탈전 3라운드, 친척끼리 싸웠어요
  - 왕위 쟁탈전 4라운드, 측근도 못 믿어!
  - 왕위 쟁탈전 5라운드, 김우징이 민애왕을 죽였어요

- 사위에게 왕위를 물려준 제47대 헌안왕 ········ 128
  - 김응렴이 공주에게 장가들어 왕이 되었어요

삼국사기 배움터 ································ 130
임금님 귀는 당나귀 귀!

- 태평한 시대를 연 제49대 헌강왕 ············· 132
  - 모처럼 평화로운 시기가 찾아왔어요

- 무너져 가는 왕국, 제51대 진성 여왕 ·········· 134
  - 나라가 점점 무너져 갔어요
  - 궁예와 견훤이 등장했어요
  - 진성 여왕이 왕위에서 물러났어요

- 궁예와 견훤의 세력에 밀린 제52대 효공왕 ····· 140
  - 후삼국 시대가 열렸어요

- 박씨 성을 가진 신덕왕, 경명왕, 경애왕 ········ 142
  - 박씨가 왕이 되었지만 나라는 더 어려워졌어요

- 천 년 신라의 막을 내린 제56대 경순왕 ········ 144
  - 신라가 고려에 항복했어요

삼국사기 배움터 ································ 146
신라를 지키는 세 가지 보물

삼국사기 놀이터 숨은그림찾기 ················ 148

새로운 시대를 연 궁예와 견훤

- **후고구려를 세운 궁예** ·········· 152
  - 출생의 비밀을 갖고 태어났어요
  - 궁예가 자신의 신분을 알게 되었어요
  - 새로운 나라를 세우기로 마음먹었어요
  - 송악을 도읍으로 삼았어요
  - 후고구려를 세웠어요
  - 스스로를 미륵불이라고 했어요
  - 궁예의 공포 정치가 날로 심해졌어요
  - 왕건이 궁예를 몰아냈어요

삼국사기 배움터 ·················· 168
왕건과 고려

- **후백제를 세운 견훤** ·········· 170
  - 호랑이 젖을 먹고 자랐어요
  - 견훤이 후백제를 세우고 왕이 되었어요
  - 후고구려와의 대치 속에 왕건이 등장했어요
  - 경주로 쳐들어가 새로운 왕을 세웠어요
  - 아들들이 왕위를 노렸어요
  - 후백제가 멸망했어요

삼국사기 놀이터 알맞은 것끼리 연결하기 ·········· 182

삼국사기 놀이터 정답 ·················· 184

〈부록〉 신라 왕조 계보

삼국 가운데 가장 늦게 발전한 신라는 제23대 임금인 법흥왕 때 불교를 받아들이고
율령을 반포하면서 비로소 나라의 모습을 갖추었어요.
뒤이은 진흥왕 때는 영토가 급속도로 넓어지고 한강 유역까지 차지하면서,
세력을 더욱 떨치게 되었지요. 제26대 임금인 진평왕 때는 명장 김유신이 역사의 무대에
등장하면서, 마침내 신라는 삼국 통일의 꿈에 한층 더 가까워졌어요.
통일에 다가서기까지 신라의 역동적인 이야기 속으로 함께 들어가 보아요.

나라가 발전하며 통일에 다가서다

체제를 정비하고 불교를 받아들인 제23대 법흥왕

율령을 반포하고, 공복을 정했어요

신라 제23대 임금인 법흥왕은 아버지 지증왕의 뒤를 이어 나라에 필요한 여러 제도를 만들어 시행했어요. 그러면서 신라는 점차 나라다운 모습을 갖춰 나갔지요. 특히 군사 업무를 맡아서 처리하는 병부를 나라의 중앙 관청 가운데 맨 먼저 만들 만큼 군사 문제를 중요하게 여겼어요.

법흥왕 7년이던 520년에는 율령을 반포했어요. 율령의 구체적인 내용은 전해지지 않지만 신라의 17관등과 공복, 형벌 등에 관한 것으로 추정해요.

나라가 발전하며 통일에 다가서다

그중 공복은 벼슬에 따라 색을 다르게 정했어요. 태대각간부터 5등급까지는 자줏빛을, 아찬부터 9등급까지는 붉은빛을, 대나마와 11등급은 푸른빛을, 대사부터 17등급까지는 누런빛의 옷을 입었지요.

법흥왕 18년이던 531년에는 처음으로 상대등을 뽑았어요. 상대등은 귀족을 대표하는 신라의 가장 높은 관직으로, 왕이 직접 상대등을 임명해 왕권이 강해졌음을 알 수 있지요. 536년에는 신라에서 처음으로 '건원'이라는 독자적인 연호를 사용했어요.

★**반포** 세상에 널리 알리는 것을 말해요.
★**공복** 삼국 시대에 관리가 조정에 갈 때 입던 옷을 뜻해요.
★**연호** 왕이 자기가 다스리던 때에 붙이던 이름으로, 고구려 광개토 대왕이 사용한 '영락'이 우리나라 최초의 연호예요.

금관가야가 항복했어요

금관가야는 지금의 경상남도 김해 지역에 있던 작은 나라였어요. 가야의 여섯 연맹* 국가 가운데 하나로, 초기에는 중심 국가로 활약했지요. 농사짓기 좋은 지역에 위치해 농업이 발전했고, 질 좋은 철을 이용해 농기구와 무기를 만들었어요. 그리고 철로 만든 상품들을 중국과 왜 등 다른 나라에 수출했지요. 하지만 지리적으로 백제와 신라 틈에 끼어 있어서 크게 발전하지는 못했어요.

철은 '메이드 인 가야'가 최고지.

나라가 발전하며 통일에 다가서다

그러다 고구려 광개토 대왕이 신라를 도와 왜군을 물리치기 위해 남쪽으로 내려오면서, 가야 지역은 고구려군의 공격을 받아 큰 위기에 처했어요. 무엇보다 가야의 여섯 연맹 국가는 통일 국가로 성장하지 못하고 다른 나라의 공격에 무너져 갔어요.

결국 법흥왕 19년이던 532년, 금관가야의 마지막 왕인 구형왕은 나라의 많은 보물을 들고, 왕비와 세 아들과 함께 신라에 항복했지요.

★**연맹** 같은 목적을 갖고 서로 도우며 행동할 것을 약속한 단체나 나라를 말해요.

이차돈의 죽음으로 불교를 받아들였어요

제19대 임금인 눌지왕 때, 고구려 승려인 묵호자가 신라에 불교를 전파하기 위해 모례라는 사람의 집에 숨어 지냈어요. 그러던 어느 날 중국 양나라 사신이 신라에 향을 선물했는데, 궁궐에서 그 향에 대해 아는 사람이 없었어요. 그때 묵호자가 밖으로 나와 향에 대해 설명했어요.
"향을 태우면 향기가 납니다. 또 소원을 빌면 신통한 일이 일어나지요."
마침 공주가 병이 났는데 묵호자가 향을 피우며 소원을 빌자 병이 말끔히 나았어요. 눌지왕이 기뻐하며 묵호자에게 많은 선물을 주었어요.

나라가 발전하며 통일에 다가서다

이후 제21대 임금인 소지왕 때는 승려 아도가 모례의 집에 머물면서 불경에 대해 전했는데 많은 사람이 몰래 믿었어요. 시간이 흘러 528년에는 법흥왕이 공식적으로 불교를 받아들이려 했으나 신하들이 반대했지요.
그 무렵 법흥왕과 가까운 신하인 이차돈은 불교를 반대하는 신하들과 다투었어요. 그러자 이차돈은 자신의 목을 치라고 하며 확신에 차서 말했어요.
"만약 불교를 받아들인다면 저는 죽어도 좋습니다. 제가 죽을 때 부처님의 신령함이 나타날 것입니다."
결국 이차돈의 목을 베자 우윳빛 피가 솟았고, 신하들은 더 이상 불교를 반대하지 않았어요.

★**아도** 고구려에서 온 승려로, 신라에 불교를 전했어요. 〈삼국유사〉에는 묵호자와 아도가 같은 사람이라고 나와요.

삼국사기 배움터

신라의 독특한 신분 제도, 골품제

'골품'이란, 왕족의 신분을 나타내는 성골과 진골의 '골'과 6두품부터 1두품까지 일반 귀족과 평민의 신분을 나타내는 '두품'을 합친 말이에요. 골품제는 혈통에 따라 신분의 높고 낮음을 정한 신라만의 독특한 신분 제도랍니다. 그중에서 성골은 왕이 될 수 있는 신분이었고, 진골은 신라 조정의 핵심 지배 계층이었지요.

★**성골** 골품의 첫째 등급으로, 부모가 모두 왕족인 사람이에요.
★**진골** 골품의 둘째 등급으로, 부모 가운데 어느 한쪽이 왕족인 사람이에요.

진골: 집의 크기도 정해져 있지.

제28대 임금인 진덕 여왕 때까지는 성골이 왕이 되었지만, 제29대 임금인 태종 무열왕 때부터는 왕이 될 성골이 없어서 진골이 왕이 되었어요. 골품제에 따라 올라갈 수 있는 관등도 정해져 있었어요. 진골은 제1관등인 이벌찬까지, 6두품은 제6관등인 아찬, 5두품은 제10관등인 대나마, 4두품은 제12관등인 대사까지 올라갈 수 있었지요. 또한 관복의 색을 비롯해 집의 크기와 옷, 수레 등 생활용품에도 제한이 있었다고 해요.

영토를 넓히고 불교 전파에 힘쓴 제24대 진흥왕

역사책을 편찬했어요

540년, 법흥왕의 조카인 진흥왕이 일곱 살에 왕위에 올랐어요. 나이가 어려 왕태후가 섭정*을 했지요. 이때 왕태후와 함께 어린 진흥왕을 가까이에서 보필한 사람이 있었는데, 바로 이사부였어요.

이사부는 제22대 임금인 지증왕 13년이던 512년, 젊은 나이에 우산국을 정벌한 장군이에요. 30여 년이 흐른 진흥왕 2년에 병부령으로 임명되어 군사에 관한 일을 도맡았지요.

★**섭정** 임금이 직접 나라를 다스리지 못할 때 임금을 대신해 나라를 다스리는 것을 말해요.

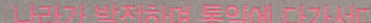
나라가 발전하며 통일에 다가서다

거칠부

"전쟁에 나가 싸우랴, 역사책 쓰랴. 24시간이 모자라."

진흥왕 6년이던 545년, 이사부는 진흥왕에게 역사책 만들 것을 건의했어요.
"임금과 신하가 잘하고 잘못한 것, 옳고 그른 것 등을 기록해 후손들에게 우리 역사를 보여 주어야 합니다."
이에 진흥왕은 거칠부에게 학자들과 함께 역사책인 〈국사〉를 만들도록 명했어요.

우륵과 가야금

가야의 가실왕은 1년 열두 달의 음률을 상징하는 12현금을 만들었어요. 이 악기가 가야금이에요. 가실왕은 악사인 우륵에게 가야금에 알맞은 열두 곡을 만들도록 했어요. 이에 우륵이 열두 곡, 우륵의 제자인 이문이 세 곡을 만들었지요.

세월이 지나 가야가 어지러워지자 우륵은 가야금을 갖고 신라로 왔어요. 551년, 우륵과 이문의 명성을 들은 진흥왕이 둘을 궁궐로 불러 말했어요.
"너희가 가야금 연주를 잘한다는 소문이 자자하더구나. 내 앞에서 한번 연주해 보아라."

나라가 발전하며 통일에 다가서다

진흥왕의 명령에 우륵과 이문은 각각 새로운 곡을 지어 연주했어요.
둘의 연주에 감탄한 진흥왕은 이듬해에 계고, 법지, 만덕에게 우륵의 음악을
배우도록 명했지요. 우륵은 이들의 재능에 따라 계고에게는 가야금을,
법지에게는 노래를, 만덕에게는 춤을 가르쳤어요.
세 사람은 우륵이 만든 열두 곡을 다섯 곡으로 요약해서 진흥왕 앞에서
연주했어요. 그러자 진흥왕은 우륵이 연주한 것과 같아 매우 기뻐하며 큰 상을
내렸어요.

영토 전쟁이 치열했어요

진흥왕 초기에 신라는 주로 백제와 손잡고 고구려의 공격을 막아 냈어요. 그러다 틈이 보이면 전쟁터의 성을 점령해 신라 땅으로 만들었지요.
550년 백제가 고구려의 도살성을 빼앗고, 고구려가 백제 금현성을 빼앗는 등 혼란스러운 상황에서, 신라 장군 이사부는 두 성을 빼앗아 신라 영토로 만들었어요.
진흥왕은 왕위에 오른 지 12년째 되던 551년, 연호를 '나라를 열다'라는 뜻의 '개국'으로 정하고 직접 나라를 다스리기 시작했지요.

24

나라가 발전하며 통일에 다가서다

같은 해 진흥왕은 거칠부에게 백제와 손잡고 고구려를 공격해 북으로 땅을 넓히라는 명령을 내렸어요. 거칠부는 신라군을 이끌고 백제군과 함께 고구려의 열 개 군을 빼앗았어요. 이때 백제는 고구려에 빼앗겼던 한강 유역을 되찾았는데, 2년 뒤에 또다시 한강 유역을 빼앗겼지요. 이번에는 신라였어요. 그러자 화가 난 백제 성왕이 대가야군과 함께 이듬해 신라의 관산성을 공격했어요. 신라군은 기습 작전으로 성왕을 전사시키고 백제군을 몰살시켰어요.

이 전투로 120여 년 동안 이어진 백제와의 동맹은 깨졌고, 신라는 한강 유역을 차지했지요.

진흥왕 순수비와 대가야의 멸망

555년, 진흥왕은 북한산에 올라 한강 유역이 신라 땅임을 확인했어요. 계속해서 북쪽으로 영토를 넓혀 나가, 556년에는 함경도 안변 지역에 비열홀주를 설치했지요. 진흥왕은 새로 넓힌 영토를 돌아보고 '진흥왕 순수비'를 세웠어요.

진흥왕 순수비에는 '북한산 순수비'를 비롯해 함경도 지방의 '황초령 순수비', '마운령 순수비'가 있어요. 또 창녕에는 순수비와 비슷한 '창녕 척경비'가 있지요. 진흥왕 순수비에는 진흥왕의 업적과 신라의 영토 및 관직, 수행한 신하들에 관한 내용이 담겨 있어요.

★**비열홀주** 신라의 지방 행정 구역을 가리켜요.
★**순수비** 임금이 돌아다닌 곳을 기념해서 세운 비석을 말해요.

북쪽으로 땅을 넓혀 가던 진흥왕은 남쪽 대가야에 대한 정벌도 시작했어요. 562년 진흥왕은 대가야가 신라를 배반했다며, 이사부에게 대가야를 토벌하라고 명령했어요. 대가야 토벌 전쟁에서 선봉에 선 사람은 화랑 출신인 사다함이었어요. 사다함은 5천여 명의 기마병을 이끌고 대가야를 공격해 단숨에 항복시켰어요. 이로써 오늘날의 경북 고령 지역에서 500년 넘게 이어져 온 대가야는 역사 속으로 사라지게 되었답니다.

불교를 크게 부흥시켰어요

544년, 이차돈의 순교와 법흥왕의 의지로 짓기 시작한 신라 최초의 절인 흥륜사가 16년 만에 완공되었어요. 진흥왕은 절을 바라보며 감격에 젖었지요.

흥륜사가 지어지자 신라에서는 승려가 되겠다는 사람들이 줄을 이었어요. 5년 뒤에는 중국 남조의 양나라에서 사신을 통해 부처의 사리를 보내와, 진흥왕은 신하들에게 흥륜사 앞길에서 부처의 사리를 받들어 맞이하도록 했지요.

나라가 발전하며 통일에 다가서다

553년에는 월성 동쪽에 새로운 궁궐을 지으려는데 황룡이 나타났어요. 그러자 진흥왕은 계획을 바꿔 절을 짓기로 하고, 절 이름을 '황룡사'라고 했어요. 566년에 공사를 끝낸 황룡사는 당시 신라에서 가장 큰 절이었지요. 황룡사가 지어질 무렵 중국 남조의 진나라에서 불경 1700여 권을 보내 주었어요. 또한 진흥왕은 전쟁 때 죽은 군사들을 위해 7일 동안 팔관회를 열고, 황룡사에 5미터가량 되는 큰 불상을 만들어 모셨지요.

이렇듯 진흥왕 때에는 불교가 크게 부흥했어요. 진흥왕도 평생 불교를 받들었고, 말년에 '법운'이라는 법명을 쓰며 승려처럼 지냈다고 해요.

★**사리** 불교에서 부처나 승려가 죽은 뒤, 화장하고 나서 생긴 유골을 말해요.
◆〈삼국유사〉에서는 569년에 지어졌다고 나와요.
★**팔관회** 전사한 군사들의 명복을 비는 의식으로, 진흥왕 12년이던 551년에 처음 시작된 것으로 보여요.

화랑의 뿌리, 원화

신라에서는 외모가 단정한 남자를 뽑아 '화랑'으로 삼았어요. 이들은 도를 닦고 의리를 쌓으며 음악을 즐겼어요. 또 자연을 찾아다녔는데 화랑을 따라다니는 무리들이 많았어요. 임금과 신하들은 이들의 행동을 지켜본 뒤, 정직한 사람을 뽑아 나랏일을 하도록 했지요.

통일 신라의 학자 김대문이 쓴 〈화랑세기〉에 따르면 신라의 충신과 용감한 장군, 병사 들이 화랑에서 많이 나왔다고 해요. 통일 신라 말기의 학자 최치원은 화랑이 공자의 유교, 노자와 장자의 도교, 석가모니의 불교 등의 가르침을 받았다고 했지요.

신라가 삼국을 통일하는 데 혁혁한 공을 세운 주인공이 바로 화랑이지.

그런데 화랑이 있기 전에 '원화'가 있었어요. 화랑과 비슷하게 원화가 무리를 이끌었는데, 원화는 여성이었어요. 진흥왕 37년이던 576년, 처음 원화로 뽑힌 남모와 준정은 아름다운 외모를 지녔어요. 하지만 둘은 서로 자신이 더 아름답다며 싸우다가, 준정이 남모를 자기 집으로 유인해 술에 취하게 한 뒤 강물에 빠뜨려 죽였어요. 이 일로 준정은 사형당하고, 무리들은 뿔뿔이 흩어지고 말았지요. 이때 원화 제도도 없어졌다가, 후에 화랑으로 부활한 것이랍니다.

통일의 씨앗을 뿌린 제26대 진평왕

나랏일을 하기 위해 여러 부서를 만들었어요

진평왕은 진흥왕의 태자였던 동륜의 아들로, 진흥왕의 손자예요. 동륜이 일찍 죽는 바람에, 동륜의 동생인 사륜이 진흥왕의 뒤를 이었어요. 이 임금이 제25대 임금인 진지왕이에요. 하지만 진지왕 역시 왕위에 오른 지 4년 만에 세상을 떠나, 그 뒤를 진평왕이 이었지요.

진평왕은 열세 살에 왕위에 올라 54년 동안 신라를 다스렸어요. 61년간 다스린 박혁거세 이후 신라 임금 가운데 가장 오랫동안 왕위에 있었어요.

나라가 발전하며 통일에 다가서다

진흥왕 때 영토를 크게 넓히고 나라의 발전을 이루었다면, 진평왕 때에는 여러 행정 조직을 만들었어요. 나랏일 하는 사람들을 관리하는 위화부, 선박과 항해를 맡아 관리하는 선부서, 납세에 관한 일을 맡은 조부, 수레와 말을 관리하는 승부, 의식과 제사 및 외교 등을 맡은 예부가 생겨났어요. 이로써 법흥왕 때 생긴 병부를 비롯해, 각 부서에서 나랏일을 보다 전문적으로 할 수 있게 되었지요.

얽히고설킨 삼국 관계

진흥왕 때 영토를 넓히는
과정에서 신라는 북쪽으로
고구려 땅을 조금씩 빼앗아 갔고,
백제와는 오랜 동맹 관계를 깨고 한강 유역을
차지했어요. 그 당시 백제는 성왕이 전사하는 비극도 맞았지요.
이후 시간이 흘러 진평왕 재위 중반기쯤 되자 고구려에는 영양왕이,
백제에는 무왕이라는 강한 임금이 등장해 신라의 국경을 위협했어요.

나라가 발전하며 통일에 다가서다

진평왕 24년이던 602년, 백제가 신라의 아막성을 공격한 데 이어 이듬해에는 고구려가 북한산성을 공격했어요. 백제와 고구려의 연이은 침략에 맞서기가 힘들었던 신라는 중국 수나라와 좋은 관계를 맺고자 했어요. 608년, 진평왕은 고구려를 치기 위해 원광 법사에게 수나라에 군사를 요청하는 걸사표를 쓰게 했어요. 원광 법사는 다음과 같이 말하며 걸사표를 올렸지요.
"내가 살려고 남을 죽이는 일은 승려의 행동이 아니지만, 저는 대왕의 땅에서 나는 물과 풀을 먹으니 대왕의 명에 따르겠습니다."
611년, 걸사표를 받은 수나라는 고구려를 공격할 계획을 세웠어요. 그러자 그 틈을 이용해 백제가 또다시 신라를 공격했어요. 이렇듯 삼국은 팽팽한 긴장감이 감돌았어요.

★**아막성** 지금의 남원시 아영면에 있는 돌성으로, 경남과 전북 경계에 있어요. 삼국 시대에 신라의 국경을 지키던 중요한 곳이었지요.

낭비성 전투와 김유신의 등장

618년, 중국은 수나라가 망하고 당나라가 들어섰어요. 신라는 곧 당나라에 사신을 보내 외교를 맺었어요. 고구려와 백제도 당나라에 사신을 보냈지요. 삼국 모두 당나라와는 좋은 관계를 맺으려는 반면, 서로 간에는 틈이 보이면 언제든 공격할 태세를 갖추었어요.

백제는 수시로 신라의 국경을 침략했어요. 진평왕 45년이던 623년부터 시작된 백제군의 총공세가 6년 동안 이어지며, 두 나라는 치열한 전투를 벌였어요.

내가 바로 삼국 통일의 일등 공신이자 신라 최고의 명장, 김유신이다!

나라가 발전하며 통일에 다가서다

신라는 고구려의 공격에도 대비해야 했어요. 특히 낭비성은 매우 중요한 성으로, 당시에는 고구려가 차지하고 있었지요. 백제의 공격을 잘 막은 신라는 629년에 낭비성을 공격했어요. 낭비성 전투는 김유신이 처음으로 참가한 전투였어요.

김용춘, 김서현 대장군이 이끄는 신라군은 전투 초기에 고구려군에 밀렸어요. 그러자 부장군 김유신이 직접 칼을 빼 들고 적진으로 쳐들어가, 적장의 목과 적군의 깃발을 빼앗았지요. 김유신의 활약으로 사기가 오른 신라군은 마침내 고구려군을 무찌르고 낭비성 전투에서 승리를 거두었어요.

★**낭비성** 충청북도 청주시 일대에 있던 성으로, 이곳을 차지하기 위해 고구려와 신라가 치열하게 싸웠어요.

삼국사기 놀이터

신라가 삼국 통일의 길로 가는 데 기초를 닦은 세 왕이에요. 아래 그림을 보고 어느 왕의 업적인지 빈칸에 왕의 이름을 써 보세요.

• 금관가야를 멸망시켰어요.
• 불교를 받아들였어요.

- 낭비성 전투에서 승리했어요.
- 원광 법사가 걸사표를 썼어요.

- 역사책인 <국사>를 만들었어요.
- 한강 유역을 차지했어요.

선덕 여왕과 진덕 여왕 시대의 신라는 통일로 나아가는 중요한 시기였어요. 백제의 계속된 침략에 김춘추는 당나라로 가서, 장차 통일의 밑거름이 되는 군사를 빌리는 데 성공했지요. 신라는 당나라와의 군사 동맹으로 백제와 고구려를 차례로 멸망시키고 마침내 삼국을 통일했어요. 하지만 당나라가 신라까지 지배하려는 본색을 드러내자, 문무왕은 당나라를 몰아내기 위한 결전을 벌였어요. 치열했던 역사의 현장 속으로 함께 가 보아요.

여왕의 시대를 지나 삼국을 통일하다

우리나라 최초의 여왕, 제27대 선덕 여왕

선덕 여왕과 모란꽃

당나라가 신라에 모란꽃 그림과 꽃씨를 선물로 보내왔어요. 그림을 본 진평왕의 맏딸, 덕만 공주가 말했어요.

"이 꽃은 아름답지만 향기가 없습니다."

진평왕이 그 이유를 묻자 덕만 공주가 대답했어요.

"꽃에 향기가 있으면 벌과 나비가 따릅니다. 그런데 이 그림에는 벌과 나비가 없으니 이 꽃은 향기가 없을 것입니다."

이 이야기는 선덕 여왕의 지혜를 보여 주는 '선덕 여왕이 미리 알았던 세 가지' 가운데 하나예요.

당나라 황제가 나를 업신여겼겠다….

632년, 덕만 공주는 진평왕을 이어 왕위에 올랐어요. 이 왕이 바로 우리나라 역사상 첫 여왕인 선덕 여왕이에요. 진평왕에게는 아들이 없어, 신하들이 의논한 끝에 덕만 공주를 왕으로 세웠지요. 신하들은 선덕 여왕에게 성조황고라는 칭호를 올렸어요.

하지만 몇몇 신하들은 여왕이 나라를 다스리는 것에 불만을 가졌지요. 심지어 당나라 황제 태종은 자기 왕족을 신라의 왕으로 세우자고 제안했어요. 그런 가운데 백제의 침략도 점차 거세져, 선덕 여왕은 나라 안팎으로 처한 어려움을 헤쳐 나가야 했지요.

★**성조황고** 성스러운 혈통을 가진 여왕이라는 뜻이에요.

백제의 공격과 고구려에 간 김춘추

신라는 선덕 여왕이 다스린 16년 동안 고구려와 백제와의 전쟁에 시달렸어요. 특히 백제 의자왕은 왕위에 오르자마자 신라의 40여 성과 대야성을 빼앗아 신라는 큰 위기에 빠졌어요. 이때 신라를 구원한 두 사람이 있었어요. 바로 김춘추와 김유신이에요.

김춘추는 제25대 임금인 진지왕의 손자예요. 선덕 여왕은 먼저 김춘추를 고구려로 보내 지원군을 요청했어요. 그리고 진평왕 때 고구려와의 낭비성 전투에서 큰 전공을 세운 김유신을 압량주 군주로 삼아 도읍을 지키는 선봉으로 삼았지요.

여왕의 시대를 지나 삼국을 통일하다

그런데 지원군을 요청하기 위해 고구려로 간 김춘추가 포로 신세가 되고 말았어요. 이에 김유신은 김춘추를 구하기 위해 결사대 1만여 명을 이끌고 한강을 지나 고구려로 쳐들어갔어요. 다행히 전쟁이 일어나기 직전에 김춘추는 풀려났지요. 비록 고구려의 협력을 얻지는 못했지만, 김유신은 신라군을 이끌고 백제의 공격을 잘 막아 냈어요.

대장군이 된 김유신은 연이은 백제군의 공격에도 끄떡하지 않았어요. 비록 백제에 대야성을 뺏겼지만 김유신의 활약으로 신라에 닥친 큰 위기를 벗어날 수 있었어요.

★**대야성** 신라와 백제의 국경에 있던 성으로, 지금의 경남 합천이에요.
★**압량주** 지금의 경북 경산 일대를 가리켜요.

황룡사 9층 목탑을 세웠어요

선덕 여왕은 자신과 나라에 닥친 어려움을 불교를 통해 극복하려고 했어요. 선덕 여왕 3년이던 634년에 지어진 분황사는 '향기로운 황제의 절'이라는 뜻을 갖고 있어요. 즉 '분황사'가 선덕 여왕을 위한 절이라는 것을 알 수 있지요. 이듬해에는 영묘사가 지어졌는데, 신라에서는 이 절의 남쪽에서 목성, 화성, 금성, 수성, 토성 등에 제사를 지내는 오성제를 지냈어요. 나라에 큰일이 생겼을 때, 오성이 알려 준다고 믿었기 때문이지요. 선덕 여왕 12년이던 643년에는 당나라에서 유학하던 자장이 신라로 돌아와 선덕 여왕에게 황룡사 9층 목탑을 짓자고 건의했어요.

◆〈삼국유사〉 탑상에 소개된 내용이에요.

여왕의 시대를 지나 삼국을 통일하다

"9층탑을 세우면 이웃 나라가 항복하고 아홉 나라★가 조공을 할 것입니다."
선덕 여왕은 자장의 건의를 받아들여 김용춘을 감독자로 삼고, 백제의 장인 아비지를 초청해 황룡사 9층 목탑을 짓기로 했어요.
645년 봄, 높이 약 80미터에 달하는 거대한 황룡사 9층 목탑이 완성됐어요. 선덕 여왕은 자장이 말한 대로, 이 탑을 통해 신라를 괴롭히는 이웃 나라들이 항복하기를 기대했어요.

★**아홉 나라** 당나라·왜·오월·탐라·백제·말갈·거란·여진·고구려를 뜻해요.

비담과 염종이 반란을 일으켰어요

선덕 여왕 16년이던 647년 정월, 상대등 비담은 동료 염종과 함께 반란을 일으켰어요. 귀족들을 대표하는 위치에 있던 비담은 곧바로 선덕 여왕을 공격했지요. 선덕 여왕은 급히 김유신을 불러 비담과 염종의 반란을 잠재우도록 했어요. 김유신은 월성에서, 비담의 반란군은 명활성에서 진을 치며 10여 일 동안 싸웠어요.

"별이 떨어졌다. 여왕이 죽었다! 우리가 이겼다!"

밤하늘의 큰 별이 떨어진 것을 보고 비담의 군대가 환호성을 질렀어요.

★월성 지금의 경주시 인왕동에 있는 성으로, 신라 임금들이 살았던 곳이에요.
★명활성 월성의 동쪽에 있는 산성으로, 왜의 침략을 막기 위해 쌓았어요.

여왕의 시대를 지나 삼국을 통일하다

그러자 김유신은 허수아비를 연에 매달아 불을 붙인 뒤, 공중으로 띄워 올리며 큰 소리로 외쳤어요.
"별이 다시 올라갔다. 대왕께서는 잘 계시다! 우리가 반드시 이길 것이다."
김유신은 군사들의 사기를 북돋워 비담의 군대를 물리쳤고, 반란은 곧 잠잠해졌어요. 결국 반란을 이끈 비담과 반란에 가담한 30여 명이 목숨을 잃었지요.
선덕 여왕 역시 이 반란으로 세상을 떠났고, 사촌인 승만이 신라의 제28대 임금인 진덕 여왕이 되었어요.

삼국사기 배움터

선덕 여왕이 미리 알았던 세 가지

<한국유사>에는 모란꽃 이야기와 함께 선덕 여왕의 지혜를 알려 주는 두 가지 이야기가 더 나와요.

어느 겨울, 영묘사 옥문지에서 많은 개구리가 사나흘 동안 울었어요. 신하들이 선덕 여왕에게 이상한 일이라며 아뢰자, 왕이 말했어요.

"빨리 서쪽으로 가서 여근곡을 수색하라. 그러면 적군이 있을 것이다."

이에 알천과 필탄, 두 장군이 군사들을 이끌고 가서 보니 선덕 여왕의 말대로 백제군 500명이 여근곡에 숨어 있었어요. 신라군은 이들을 급습해 전멸시켰지요.

또 하나는 선덕 여왕이 자기의 죽음에 관해 예언한 거예요. 아무런 병이 없던 선덕 여왕이 어느 날 신하들에게 말했어요.

"내가 아무 해 아무 날에 죽을 것이다. 그러면 나를 도리천에 장사 지내라."
신하들이 도리천이 어디에 있느냐고 묻자, 왕은 낭산 남쪽에 있다고 했어요. 선덕 여왕이 예언했던 날짜에 세상을 뜨자, 신하들은 낭산 남쪽 양지바른 곳에 장사를 지냈어요. 그로부터 10여 년 뒤, 문무왕이 선덕 여왕의 무덤 아래에 사천왕사를 지었어요. 그러자 사람들은 불경에 나온 '사천왕천 위에 도리천이 있다.'라는 내용과 맞아떨어졌다며 선덕 여왕을 신령한 존재로 여겼지요.

★**사천왕사** 경주 불국사로 가다 보면 나오는데, 현재 주춧돌과 탑지만 남아 있어요.

마지막 성골, 제28대 진덕 여왕

김춘추가 군사를 빌리러 당나라에 갔어요

진덕 여왕 때도 백제의 공격은 끊이지 않았어요. 진덕 여왕 2년이던 648년, 백제 장군 의직이 이끄는 백제군이 신라의 요거성 등 10여 성을 함락시키자 진덕 여왕은 김유신을 보내 막도록 했어요. 김유신은 군사를 세 군데로 나누어 백제군을 공격해 크게 이겼어요. 김유신이 이끄는 신라군은 백제군에 맞서 용감히 싸웠지만, 백제군의 기세는 날로 강해져 갔어요. 이에 진덕 여왕은 당나라에 구원병을 요청하기 위해 김춘추를 당나라로 보냈지요.

여왕의 시대를 지나 삼국을 통일하다

김춘추가 당나라 황제 태종을 만나 말했어요.
"신라는 당나라를 여러 해 동안 섬겼습니다. 그런데 요즘 백제가 신라를 자주 침략하니 당나라 군사를 동원해 백제군을 몰아내 주십시오."
이에 당 태종은 지원군을 보내 주었어요.
볼일을 마친 김춘추 일행이 배를 타고 신라로 돌아오던 중 그만 고구려군의 검문에 걸리고 말았어요. 그런데 고구려군은 김춘추 옆에 있던 온군해를 잡아가 죽였어요. 온군해는 당나라를 떠나기 전, 만약을 대비해 화려한 옷을 입고 김춘추로 변장했던 것이지요. 이 소식을 들은 진덕 여왕은 슬퍼하며 온군해에게 대아찬의 벼슬을 내려 주고, 자손들에게도 큰 상을 내렸어요.

나라의 제도를 중국식으로 바꾸었어요

백제의 공격이 거세질수록 신라는 당나라와 더욱더 가깝게 지냈어요. 김춘추가 구원병을 요청하러 당 태종을 만났을 때였어요. 김춘추가 신라 관리들의 옷을 중국식으로 바꾸겠다고 하자, 당 태종은 기뻐하며 김춘추에게 귀한 옷을 선물하고 높은 직위를 주었어요. 그 뒤, 649년에 신라는 법흥왕 때부터 입었던 관리들의 옷을 중국식으로 바꾸었어요. 이듬해에는 신라가 그동안 독창적으로 써 왔던 연호를 중국의 연호로 바꾸었지요.

여왕의 시대를 지나 삼국을 통일하다

진덕 여왕 5년이던 651년에는 임금의 명령을 시행하며 나라의 중요한 일을 맡아서 처리하는 품주를 집사부로 고쳤어요. '집사부'는 지금의 청와대 비서실과 비슷한 곳으로, 집사부가 설치되면서 임금의 실질적인 권한이 더욱 강해졌지요. 집사부의 장관을 '중시'라고 했는데, 주로 진골들이 맡았어요. 후에 김유신을 도와 삼국 통일에 많은 공을 세우는 죽지가 첫 중시로 임명됐어요.

통일에 한발 다가간 제29대 태종 무열왕

최초의 진골 출신 왕이에요

진덕 여왕이 세상을 떠나자 신라에는 왕위에 오를 성골이 없었어요. 어느 날 신하들이 누구를 왕으로 세울지 회의하다가 알천을 왕위에 올리려고 했어요. 그러자 알천이 신하들에게 말했어요.

"나는 늙고 덕이 없습니다. 나보다는 김춘추 공이 덕망이 높고 나라를 다스릴 만한 인재입니다."

이에 신하들은 김춘추를 왕위에 올렸어요. 김춘추가 바로 진골 출신의 첫 번째 임금인 태종 무열왕이에요.

여왕의 시대를 지나 삼국을 통일하다

태종 무열왕은 일찍이 고구려와 당나라에서 외교 활동을 펼치며 나랏일에 참여했어요. 그래서 당시 신라에 가장 중요한 것이 무엇인지 잘 알았지요. 그건 백제와의 전쟁에서 이기는 일이었어요. 오랫동안 신라와 적국이었던 백제는, 특히 김춘추에게 원한이 깊은 나라였어요. 선덕 여왕 11년이던 642년 백제군이 대야성을 함락시켜 성주와 그 가족을 없앴는데, 성주 부인이 바로 김춘추의 딸이었거든요. 딸과 사위를 잃은 김춘추는 그동안 백제를 향한 복수심을 키워 왔지요.

죽어서도 나라를 걱정한 장춘과 파랑

태종 무열왕 2년이던 655년에 고구려·백제·말갈 연합군이 신라 국경 근처에 있던 33개의 성을 빼앗자 신라는 당나라에 지원군을 요청했어요. 그러자 당나라는 군사를 일으켜 신라를 도와 고구려를 공격했어요.

659년, 백제가 다시 침략해 오자 태종 무열왕은 당나라에 사신을 보내 지원군을 요청했어요. 이번 기회에 백제를 공격해 반드시 승리를 거두고 싶었지요. 하지만 해가 다 가도록 당나라에서는 아무런 소식이 없었어요.

여왕의 시대를 지나 삼국을 통일하다

어느 날 태종 무열왕이 초조한 마음을 달래러 조정에 나가 앉아 있는데, 어디선가 혼령이 나타나 말했어요.
"저희는 이미 백골이 되었지만 나라가 걱정돼 당나라에 갔습니다. 당나라에서 내년 5월에 장군 소정방과 군사를 보내 백제를 공격한다고 합니다. 왕께서 근심이 많은 것 같아 미리 알려 드립니다."
그러고는 휙 사라졌어요. 이들을 본 왕은 백제와의 전투에서 전사한 장춘과 파랑을 떠올렸어요. 태종 무열왕은 이들의 충성을 기려 후손들에게 큰 상을 내리고, 한산주에 장의사라는 절을 세워 이들의 명복을 빌었어요.

나당 연합군이 백제를 치러 출정했어요

660년 봄, 마침내 당나라에서는 백제를 치기 위해 군사 13만여 명을 출정시켰어요. 소정방을 총사령관으로, 당나라에 숙위*중이던 태종 무열왕의 둘째 아들 김인문을 부사령관으로 삼았지요. 태종 무열왕 역시 김유신, 김진주, 김천존 등 여러 장군과 함께 군사들을 이끌고 남천정*에 도착했어요. 그사이 소정방은 배를 타고 백제로 향했어요.

★**숙위** 황제를 호위하기 위해 속국의 왕족들이 가서 머물던 것을 뜻해요.
★**남천정** 지금의 경기도 이천에 설치했던 군영을 가리켜요.

여왕의 시대를 지나 삼국을 통일하다

태자 김법민은 전함 100여 척을 이끌고 덕물도에 와 있던 소정방을
만났어요. 소정방은 태자를 만난 자리에서 이렇게 말했지요.
"7월 10일, 당나라군과 신라군이 만나 사비성을 함락시킵시다."
그러자 태자가 대답했어요.
"그동안 저희 임금께서 당나라 군대를 기다렸는데, 대장군이 왔다는 소식을
들으면 새벽같이 오실 것입니다."
진지로 돌아온 태자가 당나라 군대의 기세가 당당하고 군사도 많다고
알리자, 태종 무열왕은 기쁨을 감추지 못했어요. 태종 무열왕은 김유신에게
정예 군사 5만여 명을 이끌고 당나라 군대와 만나도록 명했지요.

황산벌 전투와 김유신의 분노

당나라 군대와 만나기로 한 전날, 김유신은 뜻밖에 강한 적을 만났어요. 사비성으로 가는 길목에 자리한 황산 벌판에서 백제의 계백 장군이 세 군데나 진영을 세우고 신라군을 기다리고 있었거든요. 신라군은 백제군과 네 번이나 싸웠으나 번번이 패해 사기가 땅에 떨어졌어요. 그러자 김흠순 장군의 아들인 반굴과 김품일 장군의 아들, 관창이 목숨을 내던지며 백제군과 싸웠어요. 이들의 활약으로 사기를 되찾은 신라군은 계백을 없애고 백제군을 크게 무찌르면서 사비성을 향해 나아갈 수 있었지요.

여왕의 시대를 지나 삼국을 통일하다

그런데 신라군이 황산벌 전투를 치르느라 약속된 날짜보다 늦자, 소정방은 사비성 공격이 늦어졌다며 김문영 장군의 목을 베려고 했어요. 그러자 김유신이 머리끝까지 화가 치밀어 큰 도끼를 잡고는 쩌렁쩌렁한 목소리로 말했어요.

"황산벌 전투를 보지도 않고 단지 늦게 온 걸 죄로 삼다니, 이는 참을 수 없는 모욕이다. 당나라와 싸운 뒤에 백제를 치겠다."

분노가 솟구친 김유신은 머리털이 꼿꼿이 섰고, 허리에 찬 칼집에서 칼이 절로 튀어 나왔어요. 결국 소정방은 김문영 장군을 풀어 줄 수밖에 없었지요.

백제가 멸망했어요

660년 7월 12일, 나당 연합군이 사비성을 향해 진군했어요. 그러자 다음 날 백제 의자왕은 웅진성으로 몸을 숨겼고, 의자왕의 아들 부여융이 신하들과 함께 나당 연합군에 항복했어요. 태자 김법민이 부여융을 말 앞에 꿇어앉히고 얼굴에 침을 뱉으며 말했어요.

"20여 년 전 누이가 억울하게 죽어 마음이 아팠는데, 이제 네 목숨이 내 손안에 있구나."

부여융은 고개를 땅에 묻으며 아무 말도 하지 못했어요.

여왕의 시대를 지나 삼국을 통일하다

5일 뒤, 의자왕이 웅진성에서 나와 항복했어요. 마침내 약 700년의 역사를 이어 온 백제가 제31대 임금인 의자왕에 이르러 멸망하고 말았지요. 사비성을 함락시켰다는 소식에 태종 무열왕은 사비성으로 와, 고생한 군사들을 위한 큰 잔치를 벌였어요. 왕을 비롯하여 장군들이 대청 위에 자리를 잡고, 의자왕과 부여융은 대청 아래에서 술을 따랐지요. 이 모습을 본 백제의 신하들은 목이 메어 울음을 참지 못했다고 해요.

백제군의 저항과 고구려의 공격

의자왕이 항복하고 도읍인 사비성이 함락되었지만 백제 사람들은 남잠성, 정현성 등 일부 성에서 진을 치며 버텼고, 임존성에도 많은 군사가 모여 있었어요. 그사이 소정방은 의자왕과 왕족 및 신하들을 비롯한 백성 1만 2천여 명을 데리고 배를 타고 당나라로 돌아갔어요.

한편 당나라군과 신라군이 사비성을 지키고 있었는데, 백제의 남은 군사들이 공격해 왔어요. 그러다 실패하자 사비성 남쪽 산 위에 네다섯 개의 목책을 세워 사비성을 침략할 틈을 엿보았지요. 이들의 잇따른 공격에 신라군은 잔병★ 소탕에 나섰어요.

★**잔병** 전쟁에서 진 군사 가운데 살아남은 군사를 가리켜요.

여왕의 시대를 지나 삼국을 통일하다

태종 무열왕은 직접 이례성을 공격해 빼앗은 뒤, 사비성 남쪽에 주둔한 백제군을 공격해 승리를 거두었지요. 그런데 신라군이 백제군을 소탕하는 사이에 고구려군이 신라의 칠중성을 공격했어요. 이듬해에도 술천성을 공격하는 등 그동안 잠잠했던 고구려가 움직이기 시작하면서 전쟁의 방향이 점차 바뀌기 시작했지요.

태종 무열왕에게 또 하나의 목표가 생겼어요. 바로 고구려 정벌이지요. 하지만 태종 무열왕은 백제 정벌을 마치고 신라로 돌아온 뒤 얼마 지나지 않아 세상을 뜨고 말았어요.

삼국을 통일한 제30대 문무왕

언니의 꿈을 샀어요

문무왕은 태종 무열왕과 김유신 여동생인 문희의 큰아들이에요.
어느 날 문희의 언니인 보희가 서형산˚ 꼭대기에서 오줌을 눴는데 온 나라에 가득 퍼지는 꿈을 꾸었어요. 보희가 꿈 이야기를 하자, 문희가 언니에게 말했어요.
"언니 꿈 내가 살게. 대신 내가 아끼는 비단 치마 언니한테 줄게."
얼마 뒤 김유신이 김춘추와 축국˚을 하다가 실수로 그만 김춘추의 옷을 밟고 말았어요.

★ 서형산 지금의 경주 선도산으로 추정해요.
★ 축국 가죽으로 싼 공을 차고 노는 공놀이로, 오늘날 축구와 비슷해요.

여왕의 시대를 지나 삼국을 통일하다

뜯어진 옷을 꿰매기 위해 둘은 김유신의 집으로 향했어요. 김유신이 동생 보희에게 옷을 꿰매도록 했는데, 보희는 일이 있다며 거절했어요. 대신 문희가 김춘추 앞에서 옷을 꿰매었지요. 김춘추는 아름다운 문희의 모습에 반해 사랑에 빠졌고, 둘은 결혼했어요.

김춘추와 김유신의 동생인 문희가 결혼해 낳은 큰아들, 김법민이 바로 신라의 제30대 임금인 문무왕이에요.

당나라 군대에 군량을 전달했어요

백제가 멸망하자 이제 당나라의 눈길은 고구려로 향했어요. 문무왕이 왕위에 오른 661년 가을, 당나라 장군 소정방이 고구려의 평양성을 공격했어요. 싸움이 길어지자 당나라는 신라에 군량 지원을 요청했어요. 그런데 당나라 진영으로 가려면 고구려를 거쳐야 해서 누구도 선뜻 나서기를 꺼렸지요. 그때 김유신이 직접 가겠다고 했어요.

이듬해 1월 김유신과 아홉 명의 장군은 한겨울 추위를 뚫고 수레 2천여 대에 쌀 4천여 섬, 조 2만 2천여 섬을 싣고 평양으로 출발했어요.

여왕의 시대를 지나 삼국을 통일하다

한겨울 고구려의 추위는 아주 매서웠어요. 추위를 뚫고 풍수촌에 도착했지만 길이 얼어 미끄럽고 험해 수레로 이동하기 어려웠지요. 하는 수 없이 군량을 소와 말에 옮겨 싣고는 칠중하(임진강)를 건너 계속 북으로 행군했어요. 평양에서 약 50킬로미터 떨어진 장새에 도착한 김유신 일행은 많은 군사와 말이 얼어 죽는 바람에 더 이상 나아가지 못했어요. 대신 열기와 구근 등 열다섯 명을 당나라 진영으로 먼저 보내, 군량이 도착했음을 알렸지요. 마침내 신라군은 떠난 지 한 달여 만에 당나라 진영에 도착해 군량을 전해 주는 데 성공했어요.

백제의 남은 지역을 소탕했어요

태종 무열왕이 백제를 멸망시켰으나 백제의 모든 지역이 신라에 항복하지는 않았어요. 게다가 당나라가 웅진 도독부를 설치해, 여전히 백제 땅에 머무르며 백제를 지배하려고 했지요. 그러자 신라는 당나라를 견제하며 백제의 남은 지역을 소탕해 나갔어요.

문무왕 2년이던 662년, 김유신의 동생 김흠순 장군이 여러 장군을 이끌고 백제의 남은 부흥군이 모여 있는 내사지성을 공격했어요.

★**내사지성** 지금의 대전광역시 유성에 있었던 성으로 추정해요.

여왕의 시대를 지나 삼국을 통일하다

그런데 진주와 진흠이라는 두 장군이 꾀병을 핑계로 전투에 빠지자, 문무왕은 이들과 그 가족들을 사형에 처했어요. 나라가 위급한 시기에 한가롭게 자신의 평안을 위했다는 이유에서였지요.
이듬해에도 신라는 백제 부흥군이 점령하고 있던 거물성★, 사평성★ 등을 빼앗으며 점차 세력을 넓혀 갔어요. 신라의 세력이 점점 커지자 당나라는 663년 4월, 신라를 '계림대도독부'로, 문무왕을 '계림주 대도독'으로 삼았어요. 이는 당나라가 백제와 같이 신라를 자기들의 지배 아래 두려는 의도였지요.

★**거물성** 지금의 전북 임실에 있었던 성으로 추정해요.
★**사평성** 지금의 전남 순천에 있었던 성으로 추정해요.

백제 부흥군을 몰아냈어요

의자왕의 사촌 동생인 복신은 백제가 멸망하자, 승려 도침과 함께 백제 부흥 운동을 펼쳤어요. 이들은 의자왕의 아들, 부여풍을 왕으로 삼고 당나라군이 머물고 있던 웅진성을 포위했어요. 그러자 유인궤가 이끄는 당나라군이 신라군과 함께 백제 부흥군을 공격했고, 복신 일행은 임존성으로 후퇴했지요. 그런데 백제 부흥군 내부에서 분열이 생겨 복신이 도침을 없애 버리고 말았어요. 하지만 분열도 잠시뿐, 복신이 도침의 군사들을 포섭하고 도망간 사람들까지 불러들이면서, 백제 부흥군의 세력은 더욱 커졌어요.

여왕의 시대를 지나 삼국을 통일하다

그러자 백제에 있던 당나라군은 본국에 군대를 요청했어요.
문무왕도 군사들을 보내 당나라군을 도왔지요. 당나라군과 신라군은
두릉윤성*, 주류성* 등을 격파하며 백제 부흥군을 압박했어요.
그 사이 백제 부흥군 내부에서는 부여풍이 복신을 없애며, 더 이상 전투를
치를 수 없는 지경에 이르렀어요. 결국 부여풍이 달아나고 남은 백제군도
항복했지요. 하지만 지수신은 항복하지 않고 끝까지 임존성을 지키다가,
당나라에 항복한 백제 장군 흑치상지의 공격을 받고는 고구려로 달아났어요.

★**두릉윤성** '두량윤성'이라고도 하며, 충남 청양의 성이었어요.
★**주류성** 지금의 충남 한산에 있던 성으로 추정해요.

나당 연합군이 고구려를 멸망시켰어요

666년 4월, 문무왕은 고구려를 정벌하기 위해 당나라에 군사를 요청했어요. 이즈음 고구려에서는 실질적인 지배자였던 연개소문이 죽으면서, 아들들 간에 싸움이 일어났어요. 둘째 아들 남건이 막리지에 오르면서 싸움에서 패한 연개소문의 큰아들 남생이 당나라로 달아났고, 연개소문의 동생 연정토 역시 신라에 항복했지요. 이해 12월, 당나라는 이적을 총사령관으로 삼고 고구려를 공격할 준비를 마쳤어요.

여왕의 시대를 지나 삼국을 통일하다

667년 9월, 이적은 고구려 서쪽 요새인 신성을 비롯해 16개의 성을 빼앗았어요. 이듬해 2월에는 부여성 등 40여 성의 항복을 받아 내며 평양성을 향해 남쪽으로 나아갔지요. 668년 6월, 당나라 군대와 만난 신라군은 고구려를 치기 위해 행군을 시작했어요.
치열한 싸움 끝에 나당 연합군이 평양을 포위한 지 한 달여 만인 668년 9월, 고구려 보장왕은 결국 항복하고 말았어요. 이적은 보장왕과 왕자들을 포함해, 신하와 백성 등 20만여 명을 끌고 당나라로 돌아갔지요.

신라와 당나라가 싸웠어요

고구려가 멸망하자 당나라는 평양에 안동 도호부를 설치했어요. 백제의 웅진 도독부, 신라의 계림대도독부는 모두 당나라가 삼국을 지배하기 위해 만든 기관이었지요. 처음에 태종 무열왕과 당나라 황제 태종이 군사 동맹을 맺을 때, 평양의 남쪽 땅은 신라가 갖기로 했어요. 하지만 백제와 고구려를 차례로 멸망시킨 뒤, 당나라는 신라마저 집어삼키려는 야심을 공공연히 드러냈지요. 이에 문무왕은 당나라와 전쟁을 해서라도 신라를 지켜야겠다고 생각했어요.

여왕의 시대를 지나 삼국을 통일하다

문무왕은 당나라를 상대하기 위해 멸망한 고구려 유민과 힘을 합치기로 했어요. 마침내 670년 3월, 신라 장군 설오유와 고구려 출신의 장군 고연무가 군사를 이끌고 압록강을 건넜어요. 그리고 옥골★에서 당나라의 지원을 받은 말갈군과 싸워 크게 이겼어요. 하지만 수적으로 유리한 당나라군이 한꺼번에 밀려 내려오자, 신라군은 잠시 후퇴할 수밖에 없었지요. 이때부터 신라와 당나라 사이에 7년에 걸친 크고 작은 전투가 이어졌어요.

★**옥골** 고구려가 차지했던 요동의 오골성으로 추정해요.

옛 백제 지역을 차지했어요

옛 고구려 군사들과 함께 압록강 너머 옥골을 공격한 이후, 신라는 옛 백제 땅을 차지하기 위한 준비도 시작했어요. 당나라가 세운 웅진 도독부는 백제 유민과 함께 신라에 대항했어요. 그러던 외중에 신라의 한성주 도독이던 박도유가 백제 부흥군이 꾸민 미인계에 빠져, 신라를 배반하려다 발각돼 사형을 당하기도 했지요. 문무왕 10년이던 670년, 신라는 옛 백제 지역을 차지하기 위한 대대적인 공격에 나섰어요.

★**도독** 신라의 각 주를 관리하던 가장 높은 벼슬이에요.

여왕의 시대를 지나 삼국을 통일하다

김품일을 비롯한 여러 장군이 63곳의 성을 빼앗았고, 천존과 죽지 장군은 일곱 성을 빼앗았으며 군관과 문영 장군도 열두 성을 빼앗았어요. 이듬해 6월, 신라군은 백제에 주둔한 당나라 군대와 석성에서 대규모 전투를 벌여 승리를 거두었어요. 이 승리로 백제를 차지하는 데 유리해진 신라는 마침내 671년 7월, 백제의 도읍이었던 부여에 소부리주를 설치해 옛 백제 지역을 실질적으로 다스리게 되었지요.

★**석성** 지금의 충남 부여군에 있던 성이에요.

나라를 위해 목숨을 바친 사람들

신라가 소부리주를 설치해 옛 백제 지역을 차지하자, 문무왕 14년이던 674년 1월, 당나라에서는 이 일을 빌미로 문무왕의 관작을 없애고 왕의 동생인 김인문을 신라 왕으로 삼겠다며 신라를 괴롭혔어요. 또 나당 전쟁의 막바지인 675년, 당나라 장군 설인귀가 천성을 공격했으나 신라 장군 문훈이 이들을 물리쳐 병선 40여 척과 천여 필의 말을 빼앗았어요. 연이어 당나라 장군 이근행이 20만여 군사를 이끌고 매소성에 진을 치자, 신라군이 이들을 공격해 내쫓았지요.

★**관작** 관직과 작위를 아울러 이르는 말이에요.
★**천성** 지금의 경기도 파주시 오두산성으로 추정해요.

여왕의 시대를 지나 삼국을 통일하다

신라는 매소성⭑ 전투에서 승리함으로써 실질적으로 나당 전쟁의 승자가 되었어요. 하지만 그즈음 크고 작은 전투에서 많은 신라인이 목숨을 잃었어요. 말갈군과 싸우다 전사한 아달성 성주 소나, 칠중성에서 당·거란·말갈 연합군에 맞서 싸우다 전사한 유동, 적목성에서 말갈군과 싸우다 전사한 탈기, 당나라 군대와 싸우다 석현성에서 전사한 선백과 실모, 도림성 전투에서 전사한 거시지 등 이후에 계속된 전투에서도 이름 모를 수많은 사람이 신라를 지켜 낸 진정한 영웅이라고 할 수 있지요.

⭑**매소성** 지금의 경기도 연천군 한탄강 근처에 있던 성으로 추정해요.

나당 전쟁의 승리와 문무왕의 유언

676년 11월, 신라 장군 시득은 설인귀가 이끄는 당나라 수군과 기벌포에서 전투를 벌였어요. 신라에서는 이미 서해의 중요성을 깨닫고 673년에 병선 백여 척을 보내 서해를 지키고 있었지요. 처음에 신라군은 당나라 수군에 연이어 패배했으나, 전열을 가다듬은 뒤 스물두 번의 크고 작은 싸움에서 승리를 거두었어요. 당나라군은 기벌포 전투에서 4천여 명의 전사자를 냈고, 신라군의 대승으로 7년간의 나당 전쟁은 마침내 막을 내렸지요.

★ **기벌포** 지금의 금강 하류 부근으로 추정해요.

여왕의 시대를 지나 삼국을 통일하다

나당 전쟁이 끝난 뒤 5년이 흘렀어요. 문무왕은 재위 21년 동안 고구려와 당나라와의 전쟁을 치르며 '삼국 통일'이라는 큰 업적을 남기고 681년 세상을 떠났어요. 늘 전쟁과 함께였지만, 문무왕은 다음과 같은 유언을 남기며 백성을 향한 사랑을 나타냈지요.

"재물을 헛되게 쓰지 말고, 사람을 수고롭게 하지 말며, 국경을 지키는 것과 세금 거두는 일도 급한 게 아니면 폐지하고, 불편한 법률은 고치도록 하라."

경북 경주시 감포 앞바다에는 죽어서도 나라와 백성을 지키려 했던 문무왕의 염원이 담긴 문무 대왕릉이 자리하고 있답니다.

동해 바다의 용이 되어 외적의 침입으로부터 신라를 지킬 것이다!

삼국사기 배움터

나당 전쟁의 숨은 공로자, 구진천

구진천은 신라에서 나무 쇠뇌를 만드는 기술자였어요. 쇠뇌는 화살을 쏘는 무기로, 한 번 쏘면 최대 약 1.4킬로미터나 날아갔어요.

힘껏 당겼는데도 왜 이것밖에 못 날아가지?

669년, 당나라에서 온 사신이 문무왕에게 황제의 조서를 전하고는 구진천을 당나라로 데려갔어요. 당나라 황제는 쇠뇌를 만들어야 언젠가 벌어질 신라와의 전쟁에서 승리할 수 있다고 생각했지요.
구진천은 당나라를 위해 쇠뇌를 만들고 싶지 않았어요. 그렇다고 거부할 수도 없었지요.

처음 구진천이 만든 쇠뇌로 쏜 화살은 약 43미터밖에 날아가지 않았어요. 이에 당나라 황제가 구진천에게 물었어요.
"신라에서는 멀리 날아간다면서 여기서는 왜 이것밖에 날지 않느냐?"
그러자 구진천이 대답했어요.
"이곳의 나무가 쇠뇌를 만들기에 맞지 않습니다."
그러자 당나라에서는 사람을 시켜 신라에서 나무를 가져왔는데, 역시나 화살이 약 86미터밖에 날아가지 않았어요. 화가 난 황제가 구진천에게 제대로 된 쇠뇌를 만들지 않으면 무거운 벌을 내리겠다고 했으나, 구진천은 끝내 굴복하지 않았다고 해요.

삼국사기 놀이터

<삼국사기>에 나오는 다양한 인물과 사건 들에 대한 십자말풀이예요. 가로세로 낱말 풀이를 읽고 빈칸에 알맞은 말을 써 보세요.

★ 가로 낱말 열쇠
1. 선덕 여왕 때 지어진 절로, '향기로운 황제의 절'이라는 뜻을 가졌어요.
3. 신라의 명장으로, 삼국 통일의 주역이에요.
6. 선덕 여왕 때 염종과 함께 반란을 일으킨 인물이에요.
7. 당나라 장군으로, 신라와 함께 백제를 공격했어요.
8. 백제 장군으로, 황산 벌판에서 신라군과 싸웠으나 전사하고 말았어요.

★ 세로 낱말 열쇠
2. 선덕 여왕 때 지은 탑으로, 신라 주변의 아홉 나라로부터 침략을 막기 위해 만들었어요.
3. 당나라와 고구려에 군사를 요청하러 갔으며, 나중에 태종 무열왕이 되었어요.
4. 백제 의자왕의 사촌 동생으로, 백제 부흥 운동을 펼쳤어요.
5. 백제가 멸망할 때 도성으로, 나당 연합군이 총공격을 펼쳤던 곳이에요.
7. 백제 멸망 후, 신라에서 사비 지역을 다스리기 위해 만든 주예요.
9. 온조가 세운 나라로, 제31대 임금인 의자왕 때 멸망됐어요.

★가로 낱말 열쇠

1. 쇠뇌를 만들던 신라의 기술자로, 당나라의 기술 요구에도 끝내 협조하지 않았어요.
3. 김춘추의 둘째 아들로, 신라와 당나라 사이의 군사 협력을 도모했어요.
5. 연개소문에 의해 왕위에 오른 고구려의 마지막 임금이에요.
8. 삼국을 통일한 신라는 나라와 백성을 잘 다스리기 위해 전국을 9주로 나누고, 5( )을 두었어요.
9. 백제 멸망 후 당나라가 옛 백제 지역을 다스리려고 세운 행정 기관이에요.
10. 진덕 여왕 때 품주가 이 관청으로 바뀌었어요. 임금의 명령을 시행하던 곳으로, 장관을 '중시'라고 했어요.

★세로 낱말 열쇠

2. 역사책을 만들고, 새로 넓힌 영토를 돌아보고 순수비를 세운 신라 왕이에요.
4. 신라 제30대 임금으로, 삼국 통일을 완성했어요.
6. 당나라에서 돌아온 뒤, 청해진을 설치해 해상 무역을 주도했어요.
7. 고구려 보장왕 때 고구려의 실질적인 권력자였어요.
9. 고구려 멸망 후 당나라가 평양에 세운 행정 기관이에요.

마침내 삼국 간의 전쟁이 그치고 통일 신라 시대를 맞이했어요. 백성들은 전쟁에서 해방되었고 오랜만에 평화의 시기가 찾아왔지요.

제31대 임금인 신문왕은 즉위하자마자 귀족들의 반란을 물리치며 강력한 왕권을 다졌어요. 뿐만 아니라 왕권을 강화하는 여러 제도를 만들어 시행하도록 했지요. 하지만 시간이 흐르면서 왕실의 권력은 점차 약해져 갔고, 제36대 임금인 혜공왕에 이르러서는 귀족들의 반란이 들끓으면서 통일 신라는 흔들리기 시작했어요.

왕권을 강화한 제31대 신문왕

흠돌의 난을 진압했어요

삼국 통일을 완성한 문무왕의 뒤를 이어 태자 정명이 왕위에 올라 제31대 임금인 신문왕이 되었어요. 그런데 그 무렵, 신라의 왕위를 위협하는 반란의 기미가 싹트고 있었어요. 반란을 주동한 사람은 다름 아닌 신문왕의 장인, 김흠돌이었어요. 김흠돌은 신라가 삼국을 통일할 때 큰 공을 세웠던 장군이에요. 하지만 신문왕이 왕위에 오르자, 김흠돌은 신문왕을 몰아내려고 반란을 일으켰지요.

전쟁이 그치고 통일 신라 시대가 열리다

반란은 곧 진압되었고, 반란을 일으킨 김흠돌과 흥원, 진공은 처형당했어요. 또 상대등 김군관은 반란 계획을 알고도 왕에게 알리지 않았다는 이유로 맏아들과 함께 자결하도록 했고요.

삼국 통일 후 사회가 점차 안정되던 시기에, 귀족들이 힘을 모아 왕을 몰아내려던 이 사건은 신문왕에게 큰 충격을 주었어요. 이후 신문왕은 귀족들의 힘을 누르고 왕권을 강화하는 여러 정책을 펼쳤지요.

강력한 왕권을 만들어 갔어요

반란을 잠재운 뒤, 신문왕은 가장 먼저 왕을 호위하는 시위부의 장관인 시위감을 없앴어요. 그 대신 장군 여섯 명을 두고 자신이 직접 지시했지요. 다음으로 관리를 선발하고 임명하는 위화부에 금하신을 두었으며, 나라의 중앙 교육 기관인 국학을 세웠어요. 국학에서는 논어와 효경 등 유교 경전을 가르쳤는데, 입학 자격은 관등이 없는 사람부터 제12관등인 대사까지였어요. 신라에서는 국학을 통해 인재를 뽑거나 관리들을 교육했어요. 나라의 제도를 통해 인재를 뽑음으로써 왕권을 강화할 수 있었지요.

전쟁이 그치고 통일 신라 시대가 열리다

또한 신문왕은 녹읍을 없애고 관료전을 지급했어요. 관료전과 녹읍 모두 관리들이 일한 대가로 나라에서 땅을 주는 것인데, 녹읍은 지급받은 땅에서 관리가 직접 세금을 걷고 그 지역의 노동력까지 마음대로 할 수 있었어요. 하지만 관료전은 세금만 가질 수 있었지요. 따라서 관료전을 지급했다는 것은 그동안 귀족들에게 주었던 지방의 노동력을 더 이상 주지 않겠다는 뜻이에요. 이는 귀족들의 권력을 줄이고 왕권을 강화하겠다는 신문왕의 의지를 나타낸 것이지요.

★**금하신** 위화부의 장관을 말하며, 진골 귀족들이 맡았어요.
★**녹읍** 신문왕의 손자인 제35대 임금 경덕왕 때 다시 시행되었어요.

전국을 9주로 나누고, 5소경을 두었어요

삼국을 통일한 신라는 나라와 백성을 잘 다스리기 위해 지방 행정 지역을 정리했어요. 전국을 옛 신라, 옛 백제, 옛 고구려 지역으로 나누어 각각 3개씩 총 9주로 나누었지요. 주는 요즘의 '도'와 비슷해요.
신문왕 5년이던 685년에 만들어진 9주는 시간이 지나며 조금씩 바뀌었지만 큰 틀은 유지했어요. 9주 아래로는 450여 개의 군과 현이 갖추어졌지요.

전쟁이 그치고 통일 신라 시대가 열리다

또한 통일 신라의 도읍인 경주가 동남쪽에 치우쳐 있어 지방을 다스리는 데 어려움이 있었어요. 그래서 이를 보완할 '작은 서울(소경)'을 다섯 군데에 두었지요.
소경은 지방 사회에 문화를 전하는 중심지로 성장했어요. 뿐만 아니라 지방 세력을 감시하고 견제하기 위해 경주의 중앙 귀족들과 옛 고구려, 백제의 귀족들을 옮겨 와 살도록 했답니다.

삼국사기 배움터
군사 조직은 9서당과 10정

'9서당'은 임금의 직속 부대로, 통일 신라 때 중앙에 배치된 군사 조직이었어요. 진평왕 5년이던 583년에 만들어진 서당★을 시작으로 문무왕과 신문왕을 거쳐 효소왕 2년이던 693년 때의 비금서당까지, 100여 년 동안 모두 아홉 개의 서당이 만들어졌어요.

9서당은 옷깃의 색으로 부대를 구별했으며, 신라인뿐 아니라 멸망한 고구려인과 백제인, 말갈인을 포함한 '연합군'과 같았어요.

★ **서당** 613년에 녹금서당으로 고쳤어요.

처음 만들어진 녹금서당과 자금서당, 비금서당은 신라인들로 이루어졌어요. 황금서당·벽금서당·적금서당은 고구려인들로, 백금서당·청금서당은 백제인들로, 그리고 흑금서당은 말갈인들로 구성되었지요.
한편 지방에도 군대를 두었는데, 이것을 '10정'이라고 했어요. 통일 신라에는 9주가 있었는데, 각 주마다 1정씩 두었고 지역이 넓은 한주에는 2정을 두었어요.

영토를 확정한 제33대 성덕왕

패강 남쪽은 신라 땅

신문왕의 맏아들 효소왕이 어린 나이에 세상을 뜨자, 신하들은 회의를 통해 신문왕의 둘째 아들을 왕위에 올렸어요. 702년에 임금이 된 성덕왕은 36년 동안 왕위에 있으면서 통일된 신라를 안정적으로 이끌었어요.

특히 성덕왕은 통일 과정에서 관계가 소원해졌던 당나라와의 관계를 회복하는 데 힘썼어요. 재위 기간 동안 거의 매년 견당사를 보내 신라와 당나라의 관계가 그 어느 때보다 좋았지요.

★**견당사** 통일 신라 시대 때 당나라에 보내던 사신을 말해요.

전쟁이 그치고 통일 신라 시대가 열리다

성덕왕 32년이던 733년, 발해와 말갈 연합군이 당나라 등주를 침략하자 성덕왕은 신라군을 파견해 당나라군을 도왔어요. 그런데 당나라로 향하던 중 험한 산길과 폭설로 신라군 절반이 목숨을 잃는 바람에 중간에 되돌아올 수밖에 없었지요. 두 나라의 좋은 관계가 지속되면서 당나라는 패강(대동강) 남쪽이 신라 땅임을 공식적으로 인정했어요. 한편 신라는 북방의 새로운 나라인 발해와 남쪽의 일본과는 거리를 두었어요. 특히 일본은 731년에 3백여 척의 대규모 전함을 동원해 신라를 침략했으나, 패하여 물러났어요.

백성들의 생활에 관심이 많았어요

성덕왕은 백성들의 생활에 늘 관심을 기울였어요. 성덕왕 4년이던 705년에 가뭄으로 곡식이 부족하자, 이듬해 나라 창고를 열어 곡식을 풀었어요. 하지만 백성들은 여전히 먹을 것이 부족했고, 더구나 추수할 때에 곡식이 익지 않아 백성들의 고통은 더욱 심했지요. 그래서 성덕왕은 707년 1월부터 7월까지 매일 한 사람당 조를 3되씩 나누어 주었어요. 또한 백성들에게 다섯 가지 곡식의 씨앗도 형편에 맞게 나누어 주었지요.

전쟁이 그치고 통일 신라 시대가 열리다

711년, 성덕왕은 남쪽 지방을 두루 다니며 관리들이 일하는 모습과 백성들의 생활을 살핀 후에 '백관잠'을 지어 신하들에게 보여 주었어요. 백관잠이란, '관리들이 일하면서 조심해야 할 것'이라는 뜻이에요. 현재 전해지지는 않지만 관리들이 백성들을 위해 어떻게 행동해야 하는지에 대한 내용일 것으로 추측해요.

성덕왕 21년이던 722년에는 백성들에게 정전을 나누어 주었어요. '정전'이란 백성들이 농사지을 수 있도록 나라에서 주는 땅이에요. 이를 통해 백성들은 안정된 생활을 하고, 나라는 백성들에게 걷은 세금으로 재정을 늘릴 수 있었지요.

반란으로 희생된 제36대 혜공왕

꼬리에 꼬리를 문 반란이 일어났어요

혜공왕은 제35대 임금인 경덕왕의 맏아들로, 여덟 살에 왕위에 올라 경수 태후가 섭정을 했지요. 어린 왕은 태학에서 수업을 받으며 왕이 될 준비를 해 나갔어요. 하지만 일부 귀족들은 어린 왕과 태후가 나라를 다스리는 것이 탐탁지 않았어요.
그 무렵 황룡사 남쪽에 큰 별이 떨어지고, 호랑이가 궁궐로 들어오는 등 나라 안이 뒤숭숭하더니 혜공왕 4년이던 768년에 '대공의 난'이 일어났어요. 대공 형제를 주축으로 한 반란군은 33일 동안 왕궁을 포위했지요.

전쟁이 그치고 통일 신라 시대가 열리다

혜공왕은 가까스로 반란군을 물리치고 대공의 가족들을 죽였으나, 이 반란은 시작에 불과했어요. 770년 김융이 일으킨 반란부터 780년 김지정의 반란까지 네 번에 걸친 반란이 꼬리에 꼬리를 물고 이어졌거든요. 김지정의 반란 때 궁궐이 포위당하자 상대등 김양상은 김경신과 함께 군대를 모아 반란군을 물리쳤어요. 하지만 혜공왕과 왕비는 반란군에 의해 목숨을 잃고 말았지요.

삼국사기 배움터

성덕 대왕 신종

제35대 임금인 경덕왕은 아버지 성덕왕의 높은 덕을 세상에 널리 알리기 위해 종을 만들기 시작했어요. 그리고 성덕왕의 손자인 혜공왕 7년이던 771년에 완성했어요. 종에 새겨진 글에 따라 '성덕 대왕 신종'이라 불린 이 종은 처음에 봉덕사에 모셨다고 해서 '봉덕사종'으로도 불렸어요. 봉덕사 역시 경덕왕의 친형이자 제34대 임금인 효성왕이 738년에 아버지인 성덕왕의 명복을 빌기 위해 세운 절이었어요.

성덕 대왕 신종을 치면 아이의 울음소리 같은 '에밀레 에밀레' 소리가 난다고 해서 '에밀레종'이라고도 해요. 종을 만들 때 종소리가 제대로 나지 않아, 어린아이를 제물로 바쳤다는 전설이 있지요.

국립경주박물관에 있는 국보 제29호인 성덕 대왕 신종은 지금까지 전해지는 우리나라의 종 가운데 가장 크고 소리도 아름다워요. 1200년 넘게 아름다운 소리를 냈지만, 종의 보호를 위해 2004년부터는 종을 치지 않고 있지요. 종에 새겨진 '종소리와 함께 나라가 평화롭고 백성들이 복을 누리기를 바란다.'라는 글처럼, 언젠가 성덕 대왕 신종이 다시 울리기를 기대해 보아요.

종소리를 통해 할아버지의 공덕이 온 나라에 널리 퍼져 가기를 바라노라.

삼국사기 놀이터

다음은 꼬리에 꼬리를 문 반란이 일어났던 혜공왕 대에 벌어진 기이한 사건이에요. 두 그림을 보고 어느 부분이 서로 다른지 ◯해 보세요.

삼국이 통일된 지 100여 년이 흐르자, 왕위를 두고 귀족들 간의 다툼이 이어졌어요. 제38대 임금인 원성왕 때부터 시작된 왕위 다툼은 제45대 임금인 신무왕 때까지 계속되었지요. 이 기간 동안 세 명의 왕이 죽임을 당했고, 나라를 뒤흔드는 반란도 일어났어요. 힘만 있으면 누구든지 왕위를 빼앗으면서 나라는 점점 혼란에 빠졌고, 결국 궁예와 견훤이 새로운 나라를 세우면서 신라, 후고구려, 후백제의 후삼국 시대가 열렸답니다.

왕위 쟁탈 싸움과 후삼국 시대

하늘이 도와준 제38대 원성왕

왕위 쟁탈전 1라운드, 소나기가 왕을 바꿨어요

혜공왕 때 일어난 김지정의 난을 물리친 상대등 김양상이 제37대 임금인 선덕왕이에요. 이때 함께 난을 물리쳤던 김경신이 상대등에 올랐고, 785년에 선덕왕이 죽자 김경신이 왕위에 올랐지요. 그가 제38대 임금 원성왕이에요. 하지만 처음에 신하들은 선덕왕의 조카, 김주원을 왕으로 세우려고 했어요. 어느 날 김주원이 궁에 입성하려고 집을 나섰는데, 엄청난 소나기로 홍수가 나는 바람에 알천에 물이 넘쳐 궁궐로 들어갈 수가 없었어요.

★**알천** 지금의 경주시 북천을 가리켜요.

왕위 쟁탈 싸움과 후삼국 시대

신하들이 술렁대기 시작하자, 김경신과 가까운 신하가 말했어요.
"임금은 하늘이 내리는 자리인데, 소나기로 못 온다는 건 하늘이 김주원을 임금으로 여기지 않기 때문입니다. 오히려 상대등 김경신의 덕이 높으니 그를 왕위에 올립시다."
이에 신하들은 순식간에 의견을 맞춰 김경신을 왕위에 올렸어요. 하늘을 보며 한탄한 김주원은 원성왕의 보복이 있을까 봐 명주로 도망가 살았다고 해요. 후에 김주원의 아들, 김헌창이 아버지가 왕위에 오르지 못한 것을 원망하며 반란을 일으켰지요.

★**명주** 지금의 강원도 강릉을 가리켜요.

독서삼품과를 만들었어요

682년, 제31대 임금인 신문왕 때 만든 신라 최고의 교육 기관인 '국학'은 유교의 여러 경전을 가르치는 곳이었어요. 열다섯 살에서 서른 살까지, 12관등인 대사 이하 관등이 없는 사람도 두루 입학할 수 있었지요. 9년 동안 수업을 받으며, 〈곡례〉와 〈효경〉을 기본으로 〈논어〉, 〈춘추좌씨전〉, 〈예기〉, 〈문선〉 등을 배웠어요. 원성왕 4년이던 788년에는 국학에서 공부했던 내용으로 관리를 뽑는 독서삼품과가 만들어졌어요. '독서삼품과'는 시험을 통해 인재를 뽑는 우리나라 과거 시험의 시초라고 할 수 있지요.

〈곡례〉와 〈효경〉을 읽은 사람을 하품으로 삼고, 여기에 〈논어〉까지 읽으면 중품으로 삼았어요. 또 〈춘추좌씨전〉, 〈예기〉, 〈문선〉의 뜻을 잘 알면 상품으로 삼았지요. 이 밖에 〈오경〉과 〈사기〉, 〈한서〉, 〈후한서〉 등 역사책과 제자백가서에 능통한 자는 등급에 관계없이 특별히 선발했어요. 이들은 지방의 수령과 중앙에서 필요한 관리로 등용되었어요.

하지만 시간이 지날수록 국학과 독서삼품과의 역할이 줄어들고, 대신 당나라 유학파 출신들의 힘이 더 강해졌지요.

★**곡례** 일을 치르는 의식과 행사에서, 몸가짐에 관한 예절을 설명한 책이에요.
★**효경** 효도에 관해 설명한 책이에요.
★**논어** 공자와 제자들의 말과 행동을 기록한 책이에요.

조카를 밀어내고 왕이 된 제41대 헌덕왕

왕위 쟁탈전 2라운드, 숙부가 조카를 죽였어요

제38대 임금인 원성왕의 뒤를 이은 왕은 아들이 아닌 손자였어요. 원성왕의 아들이 모두 일찍 죽는 바람에 손자인 소성왕이 제39대 임금이 되었지요. 하지만 소성왕도 일찍 죽고, 열세 살 된 어린 아들 애장왕이 제40대 임금이 되었어요. 그러자 애장왕의 숙부이자 소성왕의 친동생인 김언승이 나랏일을 대신 맡아서 했어요. 그런데 김언승은 시간이 지날수록 애장왕이 자신의 권력을 빼앗을까 봐 불안했지요.

왕위 쟁탈 싸움과 후삼국 시대

애장왕은 18세가 되던 805년 1월 어머니를 대왕후로, 왕비를 왕후로 삼았어요. 이제 본격적으로 왕으로서의 일을 하겠다는 뜻이었지요. 그해 가을에는 새로운 법규 20여 조를 반포했어요. 이렇게 애장왕이 직접 정치를 펼치자 김언승은 호시탐탐 애장왕을 없앨 기회를 엿보았어요. 애장왕 10년인 809년, 마침내 김언승은 동생인 김제옹 등과 함께 병사들을 이끌고 궁궐로 침입했어요. 조카 애장왕과 왕의 친동생을 죽이고 왕위에 오른 그가 제41대 임금인 헌덕왕이에요.

신라를 뒤흔든 김헌창의 난

원성왕에게 밀려 왕위에 오르지 못했던 김주원의 아들, 김헌창은 아버지가 왕이 되지 못한 것에 불만을 품었어요. 그는 애장왕 때 시중으로 중앙에서 정치를 했으나, 헌덕왕 때는 지방인 무진주 도독으로 밀려났어요. 잠시 시중으로 임명돼 중앙으로 진출했으나 다시 청주 도독, 웅천주 도독이 되면서 지방으로 내려갔지요. 김헌창은 지방으로 돌아다니는 자신의 처지에 대한 불만과 왕이 되지 못한 아버지의 원한을 갚고자 반란을 일으켰어요.

★시중 왕의 비서 역할을 하는 집사부의 장관으로, 처음에는 중시로 불렸다가 제35대 임금인 경덕왕 때 시중으로 바뀌었어요.

왕위 쟁탈 싸움과 후삼국 시대

헌덕왕 14년이던 822년, 김헌창은 나라 이름을 '장안'으로 하고 무진주(광주), 완산주(전북 전주), 청주(경남 진주), 사벌주(경북 상주)와 국원경, 서원경, 금관경 등을 차지했어요. 전국이 순식간에 내란의 소용돌이에 빠져들었고, 반란 소식을 뒤늦게 들은 왕궁에서는 대규모 군대를 조직해 반격에 나섰어요. 초반에 기세를 올렸던 김헌창은 웅진성에서 열흘 동안 버티다 결국 스스로 목숨을 끊었어요. 3년 뒤, 김헌창의 아들 김범문이 산적 등 백여 명과 함께 평양에 수도를 세우려고 북한산주를 공격했으나 역시 실패해 죽임을 당했지요.

★**평양** 지금의 서울로 추정해요.

왕위 싸움의 불씨를 남긴 제42대 흥덕왕

왕위를 노리는 사람들

흥덕왕은 헌덕왕의 동생으로, 헌덕왕이 조카 애장왕을 살해하고 왕위에 오를 때 헌덕왕을 도왔어요. 헌덕왕은 왕위에 오르자 자신이 저지른 일 때문에 친한 사람들을 주위에 두었는데, 동생을 상대등에 임명했다가 얼마 뒤 자신의 뒤를 이을 태자로 삼았지요. 그가 제42대 임금인 흥덕왕이에요. 그런데 흥덕왕이 왕위에 오르자마자 왕비가 죽고 말았어요. 그러자 신하들이 새로운 왕비를 맞아들이기를 아뢰었으나, 흥덕왕이 거절하며 말했어요.

왕위 쟁탈 싸움과 후삼국 시대

"새도 짝을 잃으면 슬퍼하거늘, 사람이 어찌 무정하게 곧바로 새 아내를 얻겠는가?"

이후 흥덕왕은 시녀조차 가까이하지 않고 환관이 시중을 들도록 했어요. 얼마 뒤에는 아들 김능유가 당나라에 사신으로 다녀오다가 바다에서 사고로 목숨을 잃었고, 엎친 데 덮친 격으로 흥덕왕의 건강도 좋지 않았지요. 결국 흥덕왕은 자신의 뒤를 이을 태자를 정하지 못한 채 재위 11년 만에 세상을 뜨고 말았어요. 그러자 신라 왕실은 상대등 김균정과 시중 김명을 중심으로 또다시 왕위 쟁탈전이 벌어졌어요.

★**환관** 임금의 시중을 들던 남자를 말해요.

왕위 다툼으로 희생된 희강왕과 민애왕

왕위 쟁탈전 3라운드, 친척끼리 싸웠어요

836년, 흥덕왕이 죽자 흥덕왕의 사촌 동생인 김균정과 그의 조카 김제륭, 즉 삼촌과 조카 사이에 왕위를 둘러싼 싸움이 일어났어요.

처음엔 균정 측이 우세했어요. 균정이 적판궁★에서 왕위에 오르자, 제륭 측이 강하게 반격했어요. 제륭은 많은 군사를 이끌고 적판궁을 포위했어요. 그러자 균정 측의 김양이 제륭에게 소리쳤어요.

"새 임금에게 반역을 하는 것이냐?"

그러자 제륭 측의 배훤백이 활을 쏘아 김양의 다리를 맞췄어요. 위기에 빠진 균정이 김양에게 말했어요.

"저쪽이 군사가 많으니 지금은 물러나야겠소."

김양과 균정이 포위망을 뚫고 달아났으나, 균정은 뒤쫓아 온 제륭의 군사에게 목숨을 잃고 말았어요. 결국 싸움에서 승리한 제륭이 왕위에 올랐지요. 이 임금이 제43대 희강왕이에요.

★**적판궁** 신라의 궁궐 중 하나로, 현재 정확한 위치는 알 수 없어요.

왕위 쟁탈전 4라운드, 측근도 못 믿어!

희강왕이 왕위에 오르자 균정의 아들 김우징은 희강왕의 보복이 두려워 낙동강에서 배를 타고 청해진에 있는 장보고에게로 달아났어요. 장보고는 흥덕왕 3년이던 828년에 당나라에서 돌아와, 병사 1만여 명을 지원받아 청해진을 설치한 인물이었어요.

한편 희강왕은 자신을 왕위에 오르는 데 공을 세운 김명을 상대등으로 삼고, 이홍을 시중으로 삼았어요. 하지만 김명은 상대등으로 만족하지 않았고, 더 높은 곳을 바라보았지요.

왕위 쟁탈 싸움과 후삼국 시대

희강왕 3년이던 838년 1월, 김명과 이홍은 군사를 이끌고 궁으로 쳐들어갔어요. 그러고는 희강왕 주위에 있는 신하들을 죽였어요. 희강왕은 체념한 듯 중얼거렸어요.

"내게 힘이 없으니 결국 이렇게 되는구나."

아무런 힘이 없던 희강왕은 스스로 목숨을 끊었어요. 별다른 저항 없이 승리한 김명은 스스로 왕위에 올랐어요. 이 임금이 제44대 민애왕이에요.

★**청해진** 지금의 전라남도 완도에 있던 해상 기지로, 중국과 일본 사이의 중계 무역 요충지였어요.

왕위 쟁탈전 5라운드, 김우징이 민애왕을 죽였어요

민애왕이 왕위에 오른 지 한 달 뒤, 김우징은 청해진에서 왕위 교체 소식을 들었어요. 김우징은 장보고를 만나 말했어요.

"김명과 이홍은 임금을 죽인 반란군입니다. 장군께서 군사를 빌려 주시면 반란군을 없애고 아버지의 원수 또한 갚을 수 있습니다."

이에 장보고는 김우징에게 군사를 빌려 주었어요. 그해 겨울, 김양을 장군으로 삼은 김우징의 군대는 왕궁을 향해 진군했어요. 이들은 철야현★에서 기병 3천여 명으로 왕의 군대를 물리치고, 이듬해 1월 달벌★에 이르렀어요.

★ **철야현** 지금의 전남 나주를 가리켜요.
★ **달벌** 지금의 대구 지역을 가리켜요.

왕위 쟁탈 싸움과 후삼국 시대

　　민애왕도 이에 질 수 없어 더 많은 병력으로 막아보려 했지만, 김양이 왕의 군대를 크게 물리쳤어요. 그러자 신하들은 모두 도망치기에 바빴지요. 민애왕은 어쩔 줄 몰라 월유택으로 도망갔으나, 뒤쫓던 병사들에게 목숨을 잃고 말았어요.
839년, 김우징이 왕위에 오르며 제38대 임금인 원성왕 때부터 이어진 약 54년 동안의 왕위 쟁탈전은 막을 내렸어요. 하지만 수많은 희생을 거쳐 왕위에 오른 김우징 역시 몇 개월 뒤에 병으로 목숨을 잃고 말았답니다.

★ **월유택** 경주의 서쪽 교외에 있던 민애왕의 별궁이었어요.

사위에게 왕위를 물려준 제47대 헌안왕

김응렴이 공주에게 장가들어 왕이 되었어요

늦은 나이에 임금이 된 헌안왕은 자신의 뒤를 이을 인물을 찾고 있었어요. 그러던 어느 날 사윗감으로 점찍은 사람과 얘기를 나누었어요. 그 사람은 희강왕의 손자 김응렴으로, 열다섯 살이었지요.

헌안왕은 김응렴에게 자신의 두 딸 가운데 결혼하고 싶은 딸을 선택하도록 했어요. 김응렴이 부모님과 의논하자, 부모님은 예쁜 작은딸이 낫겠다고 했어요. 김응렴은 흥륜사 스님에게도 물어보았는데, 큰딸을 택하면 '세 가지 이로운 일'이 있을 거라는 말만 들었어요.

왕위 쟁탈 싸움과 후삼국 시대

결국 김응렴은 마음을 정하지 못한 채 헌안왕을 찾아가 말했어요.
"제가 결정하는 것보다 대왕의 명령에 따르겠습니다."
헌안왕은 기뻐하며 큰딸과 결혼하도록 했어요. 그 후 김응렴은 아들이 없던 헌안왕의 뒤를 이어 제48대 임금 경문왕이 되었고, 뒤이어 작은딸도 둘째 부인으로 삼았지요. 훗날 경문왕이 흥륜사 스님에게 세 가지 이로운 일을 묻자 '왕이 기뻐해 총애를 받은 것, 임금이 된 것, 작은딸과도 결혼한 것'이라고 했어요. 그러자 경문왕은 그 말이 맞았다며 크게 웃었지요.

삼국사기 배움터

임금님 귀는 당나귀 귀!

〈삼국유사〉에는 경문왕의 귀에 관한 재미있는 이야기가 전해져요. 바로 '임금님 귀는 당나귀 귀'에 대한 이야기예요.

경문왕은 왕위에 오른 후 귀가 점점 길어져 그 모습이 당나귀 귀 같았어요. 경문왕은 긴 귀를 가리기 위해 꼭 두건을 썼어요. 그래서 아무도 왕의 귀가 길다는 것을 몰랐는데, 두건을 만드는 장인만 이 사실을 알고 있었지요. 장인은 경문왕의 귀가 길다는 것을 아무에게도 말하지 않았어요. 그러자 마음속에 병이 생겨 죽을 지경이었지요.

시간이 흘러 장인이 죽을 때가 다가오자, 도림사 근처에 있는 대나무 숲으로 가서 그동안 숨겨 왔던 비밀을 마음껏 외쳤어요.
"우리 임금님 귀는 당나귀 귀다!"
그러자 바람이 불 때마다 대나무 숲에서 "우리 임금님 귀는 당나귀 귀다!"라는 소리가 들렸어요. 화가 난 경문왕이 대나무를 베어 내고 산수유나무를 심었지요.
바람이 불자 이번에는 "우리 임금님 귀는 길다!"라는 소리가 들려왔다고 해요.

태평한 시대를 연 제49대 헌강왕

백성들이 어떻게 사는지 어디 한번 볼까?

모처럼 평화로운 시기가 찾아왔어요

제49대 임금인 헌강왕은 경문왕의 아들이에요. 경문왕이 다스리던 15년 동안 세 번에 걸친 반란이 일어났어요. 뿐만 아니라 지진이나 홍수가 잦고 전염병 등으로 민심이 좋지 않았어요. 하지만 헌강왕이 다스리던 12년 동안에는 큰 자연재해 없이 평화롭게 지나갔지요.

헌강왕 6년이던 880년 가을에 왕이 신하들과 월상루에 올라 백성들의 집을 바라보며 말했어요.

"요즘 백성들이 지붕을 짚으로 하지 않고 기와로 얹고, 나무가 아니라 숯으로 밥을 짓는다는데, 과연 그러한가?"

왕위 쟁탈 싸움과 후삼국 시대

"그렇습니다. 대왕께서 즉위하신 뒤로 해마다 풍년이 들어 먹을 것이 넘치고 변방이 평화로워 백성들이 기뻐하니, 이는 대왕께서 어진 덕분이옵니다."
시중으로 있던 민공의 말에 헌강왕은 기뻐했어요.
이 시기에 신라는 당나라뿐 아니라 일본과 북쪽 국경의 나라들과도 평화롭게 지냈어요. 그런데 경주에 사는 귀족과 일부 백성들은 풍요로웠지만, 가난한 백성들은 여전히 힘들었지요. 결국 헌강왕이 죽은 뒤, 나라가 급격하게 어려워지면서 지방에서는 반란이 일어나고 신라는 다시 혼란에 빠졌어요.

무너져 가는 왕국, 제51대 진성 여왕

나라가 점점 무너져 갔어요

헌강왕의 뒤를 이은 제50대 정강왕, 제51대 진성 여왕은 모두 헌강왕의 동생이에요. 신라의 세 번째 여왕인 진성 여왕은 왕위에 오르면서 전국의 모든 주와 군에 1년 동안 세금을 면제해 주었어요. 이는 헌강왕 때 태평한 세월을 보낸 도읍의 백성들과는 달리, 지방의 백성들은 힘든 시절을 보냈음을 뜻해요. 그런데 이후에도 세금이 잘 걷히지 않으면서 나라의 창고가 텅텅 빌 지경이 되었어요.

왕위 쟁탈 싸움과 후삼국 시대

한편, 진성 여왕은 자신이 총애하는 미소년들을 중요한 자리에 앉히고는 나랏일을 맡겼어요. 그러자 이들에게 아첨하고 뇌물을 바치는 사람들이 늘어나 나라 꼴이 말이 아니었어요. 이를 보다 못한 왕거인이라는 사람이 왕실을 비난하는 글을 써서 길목에 내걸었다가, 옥에 갇히는 일도 생겼지요. 게다가 나라의 창고가 비자, 왕이 관리를 보내 세금을 독촉했더니 이에 반발해 889년, 사벌주에서 농민 원종과 애노가 봉기하는 일도 일어났어요.

★**원종과 애노의 봉기** 진성 여왕 3년에 일어난 농민 봉기로, 이를 시작으로 신라 곳곳에서 반란이 일어났어요.

궁예와 견훤이 등장했어요

원종과 애노의 봉기는 순식간에 전국적으로 반란의 불씨를 퍼트렸어요. 나라에서 봉기를 진압하지 못하자, 너도나도 군대를 만들어 반란을 일으켰던 거예요. 반란군 중에서도 특히 궁예와 견훤의 세력이 컸어요.
진성 여왕 5년이던 891년, 궁예는 백여 명을 이끌고 북원 동쪽 지역과 주천 등을 습격했어요. 이후 궁예의 군대는 6백여 명으로 늘었고, 궁예는 장군이 되어 강원도를 중심으로 세력을 넓혀 나갔어요.

왕위 쟁탈 싸움과 후삼국 시대

한편 완산에서 살던 견훤은 완산주를 근거지로 삼아, 자기를 따르는 무리를 모아 후백제를 세웠어요. 견훤은 가는 곳마다 많은 사람이 함께해 그를 따르는 무리가 5천여 명이나 되었다고 해요.
궁예와 견훤 외에 서남쪽 지역에서는 빨간 바지를 입고 민가를 대상으로 약탈을 일삼은 '적고적'이라는 무리도 나타나, 온 나라가 반란의 소용돌이에 휩싸였어요.

진성 여왕이 왕위에서 물러났어요

열두 살에 당나라로 유학 간 최치원은 열여덟 살에 당나라 빈공과에 합격해 당나라 관리가 되었어요. 이후 최치원은 헌강왕 말년에 귀국해 왕 곁에서 글 쓰는 일을 했으나, 헌강왕이 죽자 중앙 귀족들의 시기로 지방으로 밀려났어요. 그러다 진성 여왕 8년이던 894년에 혼란한 나라 사정을 개혁할 '시무 10여 조'를 지어 왕에게 바쳤어요. 개혁 정책이 마음에 든 진성 여왕은 최치원의 신분으로서는 최고의 관등인 아찬을 내려 주었지요. 하지만 진성 여왕은 최치원의 정책을 시행하지 못했어요.

왕위 쟁탈 싸움과 후삼국 시대

895년 겨울, 진성 여왕은 헌강왕의 서자인 '요'를 태자로 삼았어요.
진성 여왕은 요를 궁궐로 불러 등을 만지며 말했어요.
"등 뒤에 두 뼈가 우뚝 솟은 걸 보니 정말 헌강왕의 아들이구나."
897년 여름, 진성 여왕이 측근들을 불러 모아 말했어요.
"요즘 전국에서 도적들이 벌떼처럼 일어나는데, 이는 내가 덕이 없기 때문이오. 이제 요에게 왕위를 넘기겠소."
왕위를 물려준 그해 겨울, 진성 여왕은 북궁에서 세상을 떠났어요.

★**빈공과** 중국에서 외국인을 상대로 실시한 과거 시험을 말해요.

139

궁예와 견훤의 세력에 밀린 제52대 효공왕

후삼국 시대가 열렸어요

진덕 여왕에 이어 효공왕이 왕위에 오른 즈음, 궁예와 견훤의 세력이 강력한 위세를 떨치고 있었어요. 견훤은 효공왕 4년이던 900년에 후백제를 세우고 왕이 되었지요. 이듬해에는 궁예가 후고구려를 세우고 왕이 되었고요. 이후 궁예는 나라 이름을 마진, 태봉으로 바꾸었어요. 백제와 고구려가 멸망하고 삼국이 통일된 지 220여 년 만에 통일 신라, 후백제, 후고구려로 나뉘어 후삼국 시대가 열렸어요.

신라의 왕은 효공왕이었지만, 도읍을 제외한 지방은 궁예와 견훤에게 점차 땅을 빼앗겨 왕의 세력이 밀리는 형국이었어요. 궁예와 견훤의 세력 확장으로 영토가 점점 줄어들자, 효공왕은 지방의 성주들에게 명령을 내렸어요.

"함부로 나가서 싸우지 말고 수비에 최선을 다하라."

하지만 막강한 궁예군과 견훤군 앞에 신라는 계속 땅을 빼앗기고 말았어요. 결국 효공왕은 나랏일에 소홀하다가 재위 16년 만에 세상을 떠나고 말았지요.

박씨 성을 가진 신덕왕, 경명왕, 경애왕

박씨가 왕이 되었지만 나라는 더 어려워졌어요

박혁거세가 신라를 세운 이후 제8대 임금인 아달라왕이 박씨의 마지막 왕이었어요. 이후 석씨와 김씨가 왕위를 잇다가 제17대 임금인 내물왕부터 제52대 임금 효공왕에 이르기까지 김씨가 왕위를 이었지요. 그러다 나라가 큰 위기에 빠진 통일 신라 말기에 다시 박씨가 차례로 왕위에 올랐어요. 바로 제53대 신덕왕, 제54대 경명왕, 제55대 경애왕이에요.

효공왕에게 아들이 없어 신하들의 추대로 왕위에 오른 신덕왕은 아달라왕의 먼 후손이었어요. 하지만 혼란에 빠진 나라에서 별다른 업적 없이 6년 만에 세상을 뜨고, 경명왕이 왕위를 이었지요.

왕위 쟁탈 싸움과 후삼국 시대

경명왕 2년이던 918년에 왕건이 궁예를 몰아내고 고려의 왕이 되자, 경명왕은 왕건과 좋은 관계를 맺었어요. 견훤이 신라의 대야성을 공격하자, 경명왕은 왕건에게 도움을 요청해 위기에서 벗어나기도 했지요. 그러자 신라의 여러 성들이 하나둘씩 왕건에게 항복해 그의 아래로 들어갔어요. 경명왕을 이은 경애왕은 927년 봄, 왕건이 견훤을 공격하자 군사를 내어 왕건을 도왔어요. 그러자 그해 겨울, 견훤이 신라로 진격해 포석정에서 연회를 즐기던 경애왕을 잡아 스스로 목숨을 끊도록 했어요. 그러고는 김부를 새로운 왕으로 올렸지요. 그가 바로 신라의 마지막 왕인 제56대 경순왕이에요.

목숨을 끊어라!

왕이 된 지 4년밖에 안 됐는데 너무해.

천 년 신라의 막을 내린 제56대 경순왕

신라가 고려에 항복했어요

견훤의 추대로 왕위에 오른 경순왕 대의 신라는 스스로의 힘으로 나라를 지킬 수 없는 지경에 이르렀어요. 경애왕이 견훤에게 죽임을 당했기에 경순왕은 왕건에게 신라를 넘겨줄 생각을 갖고 있었지요.

931년, 경순왕은 왕건과 술을 마시다가 속마음을 털어놓았어요.

"견훤이 나라를 마음대로 휘젓고 다니며 신라를 망하게 하니, 이 얼마나 원통한 일입니까?"

며칠 후 왕건이 떠나자, 신라 사람들이 모여 말했어요.

"견훤은 승냥이와 호랑이 같더니, 왕건은 부모님 같구나."

왕위 쟁탈 싸움과 후삼국 시대

경순왕 9년이던 935년 겨울, 마침내 마음의 결정을 내린 경순왕이 왕자와 신하들을 모아 놓고 왕건에게 나라를 넘기겠다고 했어요. 신하들은 찬반으로 나뉘었지요. 그때 왕자가 말했어요.

"나라의 운명은 하늘에 달렸습니다. 끝까지 나라를 지키다 힘이 다하면 모르겠지만, 어떻게 하루아침에 천 년 사직을 넘겨준단 말입니까?"

왕자는 끝내 고려에 항복하지 않았어요. 그 뒤 금강산으로 들어가, 삼베옷에 풀을 먹으며 살았다고 해서 '마의 태자'라고 불리지요.

결국 천 년의 역사를 이어 온 신라는 이렇게 막을 내리고 말았답니다.

신라를 지키는 세 가지 보물

신라에는 나라를 지키는 세 가지 보물이 있었어요. 바로 황룡사 장륙존상과 황룡사 9층탑, 천사옥대예요.

신라의 제54대 임금인 경명왕 때 김률이라는 신하가 왕에게 말했어요.

"고려의 태조가 신라의 세 가지 보물 가운데 장륙존상과 9층탑은 있는데, 성대(천사옥대)는 어디에 있는지 모르겠다고 합니다."

그러자 경명왕은 신하들에게 천사옥대를 찾도록 했어요. 마침내 남고라는 창고에서 금과 옥으로 만든 옥대를 찾았는데, 매우 길어 보통 사람은 맬 수 없었다고 해요.

'천사옥대'는 제26대 임금인 진평왕이 왕위에 오르던 해에 옥황상제가 천사를 통해 진평왕에게 전한 허리띠로, 제사 지낼 때 맸다고 해요.

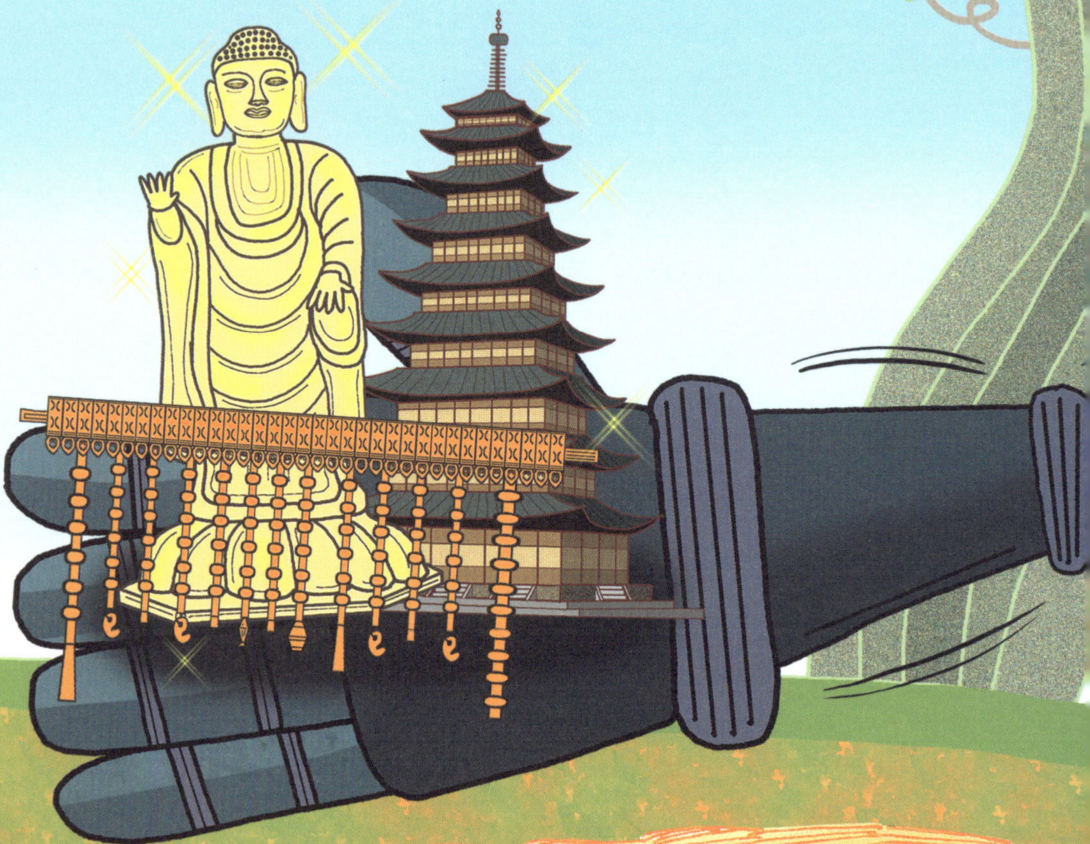

'장륙존상'은 제24대 임금인 진흥왕 때 만들어졌어요. 인도의 아육왕이 석가 삼존상을 만들려다 이루지 못하고, 철과 황금을 배에 실어 바다로 띄워 보냈는데 이 배가 신라에 도착했어요. 그 재료로 만든 것이 장륙존상이에요. 진흥왕이 세상을 떠나기 전해에 장륙존상이 눈물을 흘렸다고 전해져요.

'황룡사 9층탑'은 제27대 임금인 선덕 여왕 때 자장 율사가 건의해 만들었어요. 9층으로 세운 것은 일본, 중국 등 신라 주변에 있는 아홉 나라의 침략을 막기 위함이었지요. 아쉽지만 세 가지 보물은 모두 전해지지 않아요.

삼국사기 놀이터

왕위 쟁탈전이 벌어지는 현장이에요. 치열했던 역사의 장면 속에 숨어 있는 그림을 다섯 개 찾아보세요.
(숨은 그림: 연필, 시계, 럭비공, 바나나, 자)

통일 신라 말기에 정치가 불안정하고 나라가 혼란스러워지자 지방에서 힘 있는 인물들이 등장해 세력을 넓혀 나갔어요. 바로 신라 왕실 출신의 궁예와 농민 출신의 견훤이지요. 이들은 나라의 혼란을 틈타 후고구려와 후백제라는 새로운 나라를 세웠어요.

그렇다면 후삼국 시대를 연 궁예와 견훤은 나라를 구한 영웅일까요? 신라를 배신한 반역자일까요? 지금부터 〈삼국사기〉 열전에 소개된 궁예와 견훤을 만나 보아요.

후고구려를 세운 궁예

출생의 비밀을 갖고 태어났어요

궁예는 제47대 임금 헌안왕의 아들 혹은 제48대 임금 경문왕의 아들이라고도 해요. 출생 기록이 확실하지 않지만 궁예는 왕가의 자손이에요. 궁예가 태어날 때 지붕 위에서 하얀빛이 무지개처럼 하늘 위로 길게 뻗어 나갔는데, 이를 본 점치는 관리가 왕에게 아뢰었어요.
"이 아이는 태어나면서 이가 나 있는 데다 이상한 빛까지 비추었습니다. 나라에 이롭지 못할 것 같으니 키우지 마십시오."

새로운 시대를 연 궁예와 견훤

그러자 왕이 관리를 시켜 아이를 죽이라고 명령했어요. 관리는 포대기에 싸여 있던 아이를 다락 아래로 던졌어요. 그런데 이 모습을 지켜보던 유모가 재빨리 뛰어가 아이를 손으로 받았지요. 하지만 잘못하다 손가락으로 아이 눈을 찌르는 바람에 한쪽 눈이 멀게 되었어요. 유모는 아이를 품에 안자마자 그길로 달아나, 사람들이 모르는 곳에서 아이를 힘겹게 키웠어요.

궁예가 자신의 신분을 알게 되었어요

궁예가 열 살이 되던 해, 공부에는 관심이 없고 시끌벅적 노는 것에만 열중하자 유모가 궁예를 불러 그의 신분을 알려 주었어요.

"태어나자마자 나라에서 버림받은 너를 죽이려는 걸 차마 볼 수 없어서 몰래 키웠는데, 이렇게 다른 사람들 눈에 띄게 행동하다가 들키면 우리는 죽은 목숨일 게다."

새로운 시대를 연 궁예와 견훤

자신의 신분을 알게 된 궁예는 눈물을 뚝뚝 흘리며 말했어요.
"그렇다면 제가 어머니 곁을 떠나 근심을 덜어 드리겠습니다."
궁예는 그동안 길러 준 유모에게 작별 인사를 하고는 곧바로 강원도 영월에 있는 세달사로 향했어요.
궁예는 세달사에서 머리를 깎고 승려가 되었지요. 그러고는 자신의 법명을 선종이라고 했어요. 하지만 시간이 지날수록 궁예는 승려로서 지켜야 할 계율에서 벗어나 자유롭게 행동하는 날이 많았어요.

새로운 나라를 세우기로 마음먹었어요

어느 날 궁예가 법회에 참석하기 위해 길을 가던 중이었어요. 하늘 위를 맴돌던 까마귀가 입에 물고 있던 것을 궁예의 바리때에 떨어뜨리는 게 아니겠어요? 그것은 점을 칠 때 쓰는 상아 조각이었어요. 상아 조각에는 '왕(王)' 자가 쓰여 있었어요.

'내가 왕이 된다는 말인가?'

궁예는 다른 사람이 행여 볼까 봐 얼른 숨겼어요. 하지만 마음속은 왠지 모를 자부심으로 가득했지요.

★**바리때** 승려가 음식을 먹을 때 쓰는 그릇이에요.

새로운 시대를 연 궁예와 견훤

통일 신라 말엽, 나라가 혼란에 빠져 지방의 절반 정도는 이미 반란 세력의 손에 들어갔어요. 곳곳에서 도적들이 벌떼같이 일어나자, 궁예는 이 틈을 타 사람들을 모으면 나라를 세울 수 있을 것으로 생각했어요. 진성 여왕 5년이던 891년에 궁예는 죽주★에서 세력을 떨치던 기훤의 부하로 들어갔어요. 하지만 기훤이 자신을 무시하자 이듬해 북원★의 도둑 우두머리인 양길의 부하가 되었어요. 양길은 기훤과 달리 궁예를 잘 대우하며 중요한 일을 맡겼지요.

★**죽주** 지금의 경기도 안성을 가리켜요.
★**북원** 지금의 강원도 원주를 가리켜요.

송악을 도읍으로 삼았어요

양길은 궁예에게 병사를 주면서 북원의 동쪽 지역을 정벌하도록 했어요. 이에 궁예는 치악산 석남사에 머물면서 주천, 나성 등 여러 곳을 공격해 항복을 받아 냈지요. 승승장구하던 궁예는 894년에 명주에서 이끌고 있던 병사 3천 5백여 명을 14개 부대로 나누고, 금대, 검모, 흔장 등을 부대장으로 삼았어요.

궁예는 병사들과 함께 생활하며 상과 벌을 공정하게 내렸어요. 그러자 궁예를 따르는 병사들이 점점 늘어났고, 마침내 추대를 받아 장군이 되었지요.

새로운 시대를 연 궁예와 견훤

이후 궁예는 철원 지역을 중심으로 세력이 커지자, 나라를 세워 왕이 되고자 했어요. 때마침 송악에서 활약하던 왕건이 궁예에게 오자, 궁예는 왕건을 철원군 태수로 임명했어요. 897년, 궁예는 송악을 도읍으로 삼았어요. 송악은 한강 북쪽 지역 가운데 자연 경관이 빼어난 곳이었지요.
한편 궁예의 세력이 강해졌다는 소식에 양길은 자기 아래에 있던 30여 성의 군사들을 동원해 궁예를 공격할 계획을 세웠어요. 하지만 양길의 계획을 알아챈 궁예가 먼저 양길을 공격해 승리를 거두었어요.

★**송악** 지금의 개성 지역을 가리켜요.

후고구려를 세웠어요

철원과 송악을 중심으로 강력한 세력을 만든 궁예는 나라를 세우기 전 팔관회를 열어 전사한 병사들을 위로하고, 앞으로 세워질 나라에 대한 복을 빌었어요. 그러고는 당성과 괴양 등 남한강 유역까지 세력을 넓혔지요. 901년, 궁예는 스스로를 왕이라고 한 다음 따르는 사람들에게 말했어요. "지난날 신라가 당나라 군대를 들여와 고구려를 멸망시켰다. 그 때문에 옛 도읍인 평양에는 잡초만이 무성하구나. 내가 반드시 이 원수를 갚겠노라." 이때 궁예는 나라 이름을 고려라고 했어요.

★**당성** 지금의 경기도 화성을 가리켜요.
★**괴양** 지금의 충북 괴산을 가리켜요.
◆이 이름은 〈삼국유사〉에 나와 있어요.

새로운 시대를 연 궁예와 견훤

보통 궁예가 세운 나라를 '후고구려'라고 하는데, 이는 '고구려'와 고려의 태조 왕건이 세운 '고려'를 구분하기 위함이에요. 언젠가 궁예가 부석사에 들른 적이 있었는데, 부석사 벽에 그려진 신라 임금의 초상화를 보자마자, 칼로 그림을 내려 그었다고 해요. 그만큼 궁예는 자신을 버린 신라에 대한 적개심에 사로잡혀 있었어요. 이후 궁예는 904년에 나라 이름을 '마진'으로 고쳤고, 여러 부서를 만들어 그에 따른 벼슬의 품계도 정하는 등 점점 명실상부한 나라의 모습을 갖추어 나갔지요.

스스로를 미륵불이라고 했어요

궁예는 왕건을 금성으로 보내 후백제를 물리치는 등 세력을 넓혀 나갔고, 911년에는 나라 이름을 다시 '태봉'으로 바꾸었어요. 이렇듯 후고구려는 날로 발전하는 듯해 보였으나, 안으로는 조금씩 문제가 드러나기 시작했어요. 궁예는 자신을 버린 신라에 대한 적대심이 강한 데다, 신라를 언젠가 멸망시킬 나라로 여겼어요. 그래서 사람들에게 신라를 '멸도', 즉 멸망시킬 도읍이라 부르게 하고, 신라에서 오는 사람들을 모두 없애 버렸어요.

새로운 시대를 연 궁예와 견훤

그뿐 아니라 자신을 '미륵불'이라 칭했어요. 미륵불이란 '혼란한 세상에 사람들을 구하려고 나타난 미래의 부처'라는 뜻이에요. 밖에 나갈 때는 비단으로 말갈기와 꼬리를 장식한 백마를 타고, 앞에서는 어린아이들이 햇빛을 가리는 양산과 향과 꽃 등을 들고 행진했으며 뒤에는 2백여 명의 승려가 범패를 부르며 따랐어요. 궁예가 경전 20여 권을 지어 사람들에게 전파하자 승려 석총이 말도 안 되는 괴상한 이론이라며 비판했고, 궁예는 그를 쇠몽둥이로 때려 죽였지요.

★**범패** 석가의 공덕을 찬미하는 노래예요.

짐은 미륵이니라.

궁예의 공포 정치가 날로 심해졌어요

915년, 나라는 점점 커져 갔지만 궁예의 이상한 행동 때문에 많은 사람이 고통을 받았어요. 이에 궁예의 부인 강씨가 궁예에게 정식으로 항의했어요. 그러자 기분이 상한 궁예는 부인을 빤히 보더니 이렇게 말했어요.
"부인, 나 몰래 다른 남자를 만나고 다니는 게지."
부인이 황당하다는 듯 대답했어요.
"어째서 그런 말도 안 되는 소릴 하십니까?"
이에 궁예는 자기가 신통력이 있어서 다 보인다며, 부인 강씨와 두 아들을 없애 버렸어요.

나는 관심법으로 다 알고 있느니라.

새로운 시대를 연 궁예와 견훤

자기 부인과 아들마저 죽인 궁예는 거칠 게 없었지요. 궁예는 시시때때로 주위 사람들에게 의심의 눈초리를 보냈어요. 신하와 장군, 백성에 이르기까지 아무 죄 없는 사람들을 해쳐 도읍에 거주하는 사람들은 궁예의 공포 정치에 치를 떨었어요. 주위 신하들까지 의심하는 궁예의 이상 행동에 두려움을 느낀 몇몇 장군들이 어느 날 밤 왕건의 집에 몰래 모였어요.

왕건이 궁예를 몰아냈어요

915년 6월에 홍유, 배현경, 신숭겸, 복지겸 네 명의 장군이 왕건에게 말했어요.
"임금이 자기 마음대로 사람들을 죽이니 백성들의 삶이 말이 아닙니다. 이제 공께서 어리석은 임금을 몰아내 주십시오."
왕건은 이들의 요청을 거절했지만 이들은 거듭해서 궁예를 몰아내자고 했어요.
"지금이 가장 좋은 때입니다. 나라가 어지럽고 모든 사람이 임금을 원수처럼 생각합니다."
그래도 왕건이 가만히 있자, 옆에 있던 왕건의 부인 유씨가 거들었어요.

새로운 시대를 연 궁예와 견훤

"네 분의 말씀이 맞습니다. 많은 사람이 원하니, 하늘의 명령이라 여기십시오."

그러면서 유씨는 왕건에게 직접 갑옷을 가져다주었어요. 여러 장군의 호위를 받으며 집을 나선 왕건은 기다리고 있던 병사들과 함께 궁궐로 향했어요. 이미 궁궐 문 앞에는 수많은 사람이 북을 치며 왕건을 기다리고 있었지요. 이 소식을 들은 궁예는 어찌할 바를 몰라 당황하다가 허름한 옷차림을 하고 산으로 도망갔는데, 백성들에게 들켜 그만 죽임을 당하고 말았어요.

삼국사기 배움터

왕건과 고려

918년, 송악의 호족* 출신 왕건이 궁예를 몰아내고 고려를 세웠어요. 왕건은 신라와는 좋은 관계를 유지했지만, 견훤이 세운 후백제와는 서로 견제하며 통일에 대한 꿈을 키웠지요.

935년에 신라의 마지막 왕인 경순왕이 항복하고, 이듬해에 벌어진 후백제와의 싸움에서 승리를 거둔 왕건은 약 35년간 이어진 후삼국을 통일해 고려의 태조가 되었어요. '태조'란 나라를 처음 세운 임금에게 붙이는 이름이에요.

★**호족** 지방에 세력을 갖고 있던 가문으로, 고려를 건국하는 데 크게 기여했어요.

고려는 이성계가 조선을 세운 1392년까지 475년 동안 이어진 왕조예요. '왕'씨가 34대에 걸쳐 나라를 다스렸고, 귀족 중심의 사회였어요. 그러다 1170년부터 100여 년에 이르는 '무신 정권' 시대에는 힘 있는 무인들이 권력을 잡아 나라가 어지러웠지요.

1231년에는 몽골의 침략을 받아 또 한 번 큰 혼란을 겪었어요. 몽골을 물리치기 위해 팔만대장경을 만들기도 하고, 삼별초가 몽골군에 대항했지만 몽골의 간섭은 오랫동안 계속돼, 고려 왕조는 점점 쇠퇴해 갔지요.

★**삼별초** 무신 정권 때 몽골군에 대항하던 특수 부대로, 진도와 제주도에서 활약했어요.

팔만대장경

후백제를 세운 견훤

호랑이 젖을 먹고 자랐어요

숲속에서 커다란 호랑이가 어슬렁어슬렁 걸어 나왔어요. 나무 밑에는 사내아이가 포대기에 싸여 있었는데, 호랑이를 봐도 무서워하지 않았어요. 호랑이는 아이 곁에 앉더니 젖을 물렸어요. 호랑이 젖을 쪽쪽 빤 아이는 배가 부른 듯 하품을 했지요. 아이의 부모와 마을 사람들은 신기한 듯 멀리서 이 모습을 지켜보았어요.

새로운 시대를 연 궁예와 견훤

이 아이는 자라서 신라 군대에 들어가 도읍을 지켰어요. 이후 서남 지역 해안가를 지켰는데, 창을 베고 자다가 적이 쳐들어오면 항상 먼저 달려가 싸우곤 했지요. 넘치는 패기로 부대장의 자리에 오른 이 사람이 바로 훗날 후백제를 세운 견훤이에요.

견훤은 상주 가은현★ 출신으로, 원래 성은 이씨였는데 나중에 견씨로 바꾸었어요. 농민인 아버지는 나중에 장군이 되었지요.

★**가은현** 지금의 경북 문경을 가리켜요.

견훤이 후백제를 세우고 왕이 되었어요

진성 여왕의 총애를 받은 미소년들이 나랏일을 좌지우지하자, 이들에게 잘 보이기 위해 뇌물을 바치는 등 나라가 어지러웠어요. 더구나 가뭄이 들어 떠돌아다니는 백성들이 늘었고, 곳곳에서 도적이 일어나 혼란스러웠지요. 이에 견훤은 자신도 왕이 될 수 있다는 마음이 생겨 신라의 서남 지역을 중심으로 사람들을 모아 관아를 습격했어요. 견훤이 가는 곳마다 사람들이 모여, 그를 따르는 자가 5천여 명에 이르렀지요.

새로운 시대를 연 궁예와 견훤

진성 여왕 6년이던 892년, 견훤은 무진주를 습격한 뒤 900년에 완산주를 도읍으로 삼고 후백제를 세웠어요. 그리고 왕위에 오르며 다음과 같이 말했어요.

"백제가 세워진 지 600여 년이 지났는데, 당나라 군대와 신라가 합세해 백제를 멸망시켰다. 이제 내가 옛 백제 땅에 나라를 세워 의자왕의 원통함을 갚겠노라!"

견훤은 완산주 백성들의 환영을 받으며 백제의 복수를 다짐했지요.

후고구려와의 대치 속에 왕건이 등장했어요

후백제를 세운 견훤은 나라를 다스리는 데 필요한 여러 부서와 관직을 만들고, 중국 오월에도 사신을 통해 선물을 보냈어요.

후백제를 세운 지 10년이 되던 해에 견훤이 다스리던 지역의 금성이 궁예에게 항복했어요. 이에 견훤은 보병과 기병 3천여 명을 이끌고 열흘 동안 금성을 포위했으나 결국 후퇴하고 말았지요. 912년에는 견훤과 궁예가 덕진포에서 전투를 벌이는 등, 후백제와 후고구려는 서로 세력을 넓히기 위해 끊임없이 다투었어요.

새로운 시대를 연 궁예와 견훤

그러던 중 918년, 왕건이 궁예를 몰아내고 왕위에 올라 고려를 세웠어요. 견훤은 왕건에게 축하 사절과 함께 공작선이라는 부채와 지리산 대나무 화살을 보냈어요. 그런데 920년에 견훤이 신라의 대야성을 함락시키고 진례성으로 진군하자, 왕건이 견훤의 군대를 막으려고 군대를 보냈어요. 신라에서 왕건에게 구원병을 요청했던 거예요. 견훤은 왕건이 군대를 보냈다고 하자 급히 물러났어요.

★**오월** 당나라가 멸망하고 송나라가 세워지기까지 있었던 나라 중 하나예요. 이 당시를 '5대 10국' 시대라고 해요.
★**금성** 지금의 전남 나주에 있던 성을 가리켜요.

경주로 쳐들어가 새로운 왕을 세웠어요

신라를 향한 견훤의 복수심은 날로 불타올랐어요. 견훤에게 신라는 백제를 멸망시킨 나라로, 반드시 없애야 할 대상이었지요.

927년 가을, 견훤은 신라의 근품성을 공격해 함락시켰어요. 그러고는 연이어 고울부를 습격했어요. 그러자 신라 경애왕은 도읍이 함락될 것을 걱정해 왕건에게 도움을 청했지요. 하지만 견훤의 공격이 더 빨랐어요. 왕건의 군대가 채 준비되기도 전에 견훤은 신라의 도읍인 경주로 진격했어요.

★ **근품성** 지금의 경북 문경시 산양면으로 추정해요.
★ **고울부** 지금의 경북 영천으로, 경주와 가까웠어요.

새로운 시대를 연 궁예와 견훤

포석정에서 연회를 즐기던 경애왕은 갑작스럽게 들이닥친 견훤의 군대에 깜짝 놀랐어요. 경애왕과 왕비는 별궁으로 급히 도망갔으나 여러 신하들과 궁녀들이 후백제군에 붙잡혔지요. 결국 숨어 있던 경애왕도 견훤에게 끌려와 죽임을 당했고, 보물과 무기 들은 모두 견훤이 가져갔어요. 견훤은 왕의 동생과 재상을 포로로 잡고, 기술자들도 데려갔어요. 그 뒤 경애왕의 친척 동생 김부를 신라의 왕으로 삼았지요. 이 임금이 신라의 마지막 왕인 제56대 경순왕이에요.

아들들이 왕위를 노렸어요

견훤은 신라를 돕기 위해 5천여 기병을 이끌고 온 왕건과 공산* 아래에서 전투를 벌였어요. 이 전투에서 왕건은 크게 패하고 겨우 달아났어요. 이후에도 견훤과 왕건은 크고 작은 전투를 벌이며 일진일퇴를 거듭했지요. 하지만 시간이 지날수록 전세는 왕건에게 점차 유리해져 갔어요. 934년에는 웅진 북쪽의 30여 성주와 견훤의 부하들이 왕건에게 항복해 왔지요.

★**공산** 지금의 대구 팔공산을 가리켜요.

그런 가운데 견훤은 다음 왕위를 넷째 아들인 금강에게 주려고 했어요. 그러자 세 형들이 아버지에게 불만을 품었지요. 어느 날 능환이란 신하가 둘째 양검과 셋째 용검을 불러 견훤을 몰아낼 음모를 꾸민 뒤, 맏아들 신검에게 동참할 것을 권했어요.

견훤이 69세가 되던 935년 봄, 견훤 곁을 지키던 신검은 그를 금산사에 가둔 뒤 사람을 보내 금강을 죽이고 왕위에 올랐지요. 견훤은 도망갈 궁리를 하다가 3개월 만에 탈출에 성공해, 금성으로 가서 왕건을 만났어요.

★**금산사** 전북 김제의 모악산에 있는 절이에요.

후백제가 멸망했어요

왕건은 견훤을 만나자 크게 기뻐했어요.

"이렇게 저에게 오시니 기쁘기 그지없습니다. 저보다 열 살 위시니 상보로 모시겠습니다."

왕건은 견훤에게 남쪽 궁궐에 머물게 하며, 많은 재물과 노비를 주었어요. 936년 여름, 견훤이 왕건에게 말했어요.

"늙은 제가 전하께 온 것은 반역한 자식을 없애기 위함이었습니다. 이제 전하의 군대로 나라를 어지럽히는 무리들을 모두 없애 주십시오."

이에 왕건은 군대를 이끌고 후백제 공격에 나섰어요.

드디어 외세의 도움 없이 우리 힘으로 완전한 통일을 이루었군!

새로운 시대를 연 궁예와 견훤

그해 가을, 왕건과 견훤은 함께 일리천에서 10만이 넘는 고려군을 열병했어요. 고려군의 위풍당당한 모습을 지켜본 후백제군의 몇몇 장군들은 싸우기도 전에 항복해 왔어요. 마침내 고려군이 일제히 공격에 나섰고, 후백제군은 곧 항복하고 말았지요.

왕건은 먼저 신하의 도리를 저버린 능환을 사형시켰어요. 그리고 능환의 협박에 못 이겨 왕이 되었다는 신검의 목숨은 살려 주었지요. 후백제가 멸망한 지 얼마 되지 않아 견훤은 괴로워하며 병에 시달리다 세상을 떠났어요.

★**상보** 아버지같이 존경하며 모시겠다는 말로, 임금이 신하를 공경하는 뜻으로 내리는 칭호예요.
★**일리천** 지금의 경북 구미의 낙동강 유역을 가리켜요.
★**열병** 군대를 모아 병사들의 훈련 및 무기 상태를 살피는 것을 말해요.

삼국사기 놀이터

궁예와 견훤의 일생을 그린 그림이에요. 궁예와 관련 있으면 빨간 선으로, 견훤과 관련 있으면 파란 선으로 이어 보세요. 이어진 그림을 보며 궁예와 견훤에 대해 이야기해 보아요.

정답

▼ 38~39쪽

▼ 88~89쪽

▼ 108~109쪽

▼ 148~149쪽

▼ 182~183쪽

《그림으로 보는 삼국사기》 시리즈는
전 5권입니다.

1권   고구려 본기
2권   백제와 신라 본기
3권   신라 본기와 후삼국
4권   삼국을 빛낸 인물 열전
5권   열전과 잡지

〈그림으로 보는 삼국지〉와
함께 읽어요!